Nathalie Bauer-Lechner
Erinnerungen an Gustav Mahler.
Tagebuchaufzeichnungen

SEVERUS Verlag

Bauer-Lechner, Nathalie: Erinnerungen an Gustav Mahler. Tagebuchaufzeichnungen. 2018
Neuauflage der Ausgabe von 1923
ISBN: 978-3-95801-814-3

Umschlaggestaltung: Annelie Lamers, SEVERUS Verlag
Umschlagmotiv: www.pixabay.com

Bibliografische Information der Deutschen Nationalbibliothek: Die Deutsche Nationalbibliothek verzeichnet diese Publikation in der Deutschen Nationalbibliografie; detaillierte bibliografische Daten sind im Internet über https://dnb.de abrufbar.

Der SEVERUS Verlag ist ein Imprint der Bedey & Thoms Media GmbH,
Hermannstal 119k, 22119 Hamburg

SEVERUS Verlag, 2018
http://www.severus-verlag.de
Gedruckt in Deutschland
Der SEVERUS Verlag übernimmt keine juristische Verantwortung oder irgendeine Haftung
für evtl. fehlerhafte Angaben und deren Folgen.

Nathalie Bauer-Lechner

Erinnerungen an Gustav Mahler
Tagebuchaufzeichnungen

Natalie Bauer=Lechner
geb. am 9. Mai 1858, gest. am 8. Juni 1921

VORREDE

D ieses Buch ist eines der seltenen Zeugnisse aus Mahlers Jugendzeit und ein Zeugnis aus dem Erlebnis seiner ewig flammenden Natur.

Die „Erinnerungen", die ich hier mit einigen Worten geleite, waren mir längst wohlbekannt: vor dreizehn Jahren wurden sie mir in ihrer ersten Niederschrift von Natalie Bauer≈Lechner als Material für mein biographisches Buch über Mahler zur Verfügung gestellt. Immer wieder war von einer Herausgabe die Rede, ich hätte der Verfasserin helfen sollen, aber es ist bei ihren Lebzeiten nicht mehr dazu gekommen.

Ich hatte Natalie Bauer≈Lechner für manche Freundlichkeit zu danken, und das tue ich zuvörderst. Aber ich meine, daß wir alle, die immer größere Zahl derer, die den Künstler, den Menschen Mahler verehren, der Verewigten für die „Erinnerungen" dankbar sein dürfen. Hier spiegelt sich eine teure Vergangenheit ab.

Aus jedem Wort, das diese Frau sagte und schrieb, brach ihre schrankenlose *heroworship* hervor. Auf Einzelheiten einer Biographie kam es ihr nicht an. Des Geistes aber, mit dem sie zusammentraf, hat sie immer einen Hauch verspürt.

Freilich — elementar wie jedes geniale Wesen, ist Mahler unfaßbar, ist er immer so, wie er gerade geschildert wird, und zugleich anders gewesen. Selbst die Getreulichkeit eines Eckermann verbirgt uns das Gesicht eines dämonisch waltenden Goethe jenseits der „Gespräche". Und dann werten Mann und Frau verschieden. Und — nicht zuletzt — Mahler war ganz besonders impulsiv, ganz besonders scheu.

In seinem Nachwort warnt der Herausgeber, diese Erinnerungen nach Zitaten und sozusagen Daten durchzusuchen (so steht, um ein kleines Beispiel anzuführen, den abgünstigen Worten über Johann Strauß Mahlers oft bekundete Verehrung gegenüber). Zitate und Daten, das ist nicht der Sinn dieser „Erinnerungen" und nicht ihr Wert. Sie geben vielleicht weniger, sicherlich mehr.

Der Rahmen um die „Erinnerungen" ist rasch gefügt. Sie begleiten Mahler bis zu jener Schaffenskrise, die sich in der Wendung von den Wunderhorn=Symphonien zu der Fünften ausspricht. Der Sohn einfacher Leute, die aber in dem Knaben die große Begabung erkennen und mit aller Sorgfalt hegen, wird ans Wiener Konservatorium gebracht. Er gerät in die beglückende Nähe Bruckners, deutsche Bildung wirkt mit dem Besten, was sie hat, auf ihn, der Musiker ringt sich durch, die Provinz erster Theaterwirksamkeit kann ihm nichts anhaben, und so folgen wir einem Dirigententriumph von Pest über Hamburg nach Wien, blicken zugleich in die ein= fache aber geruhige Häuslichkeit eines stillen Mannes, den seine Schwester Justi (heute Justine Rosé) fürsorglich be= treute. Die Eroberung der herrlichen Hofoper durch einen Siebenunddreißigjährigen wird noch offenbar, die feindlichen Kräfte sind noch nicht am Werk.

Und dabei nehmen die „Erinnerungen" auch an dem Schicksal des Komponisten lebhaft Anteil. Sie folgen der Zweiten, der Dritten Symphonie von dem Häuschen am Attersee, aus dem diese Werke hervorgingen, in die befremdeten Konzert= säle Berlins, die Lieder führen zu der Vierten Symphonie hin= über und schon werden die Probleme der Fünften angedeutet. Zu einem Komponisten oder Kapellmeister würde Mahler wohl anders gesprochen haben. Doch sprach er hier immer= hin zu einer Frau, die als Musikerin selber tätig war, der Musik Beruf, nicht nur Erwerb bedeutete.

Die Zeit, die diesen „Erinnerungen" bald folgen sollte, brachte eine tiefe Wandlung in Mahlers Wesen und Geschicken. Sie spricht sich in seinem Leben aus: er gewinnt in Alma Maria Schindler die Gemahlin und Gefährtin, die Teilnehmende einer hohen Seelenfreundschaft. In seinem äußeren Wirksam= werden: sein Wiener Theater, dem er eine neue klassische Zeit bereitet, führt ihm Alfred Roller zu. Es gibt sich ihm in einem reineren, geistigen Ausdruck. In seinem Werk: er wird der Schöpfer der späteren Orchestersymphonien, der triumphierenden Achten, des ewigen Abschieds.

Rollers Gedenkworte in seiner Einleitung zu den „Bildnissen von Gustav Mahler" schildern den Menschen und Künstler dieser letzten zehn Jahre. Die Briefe, von Frau Alma gesammelt und in einer Auswahl herausgegeben, werden weitere Zeugnisse sein.

Und aus allen diesen Zeugnissen frischen sich uns die Eindrücke jener δεινότης auf, die Mahlers Wesen war. Sicherlich — er hat unter uns Menschen einer gewissen Zeit, einer bestimmten Stadt gelebt, aber das ist heute schon Legende, kein Wort genügt ihm, kein Bild, kaum sein eigenes Werk hält ihn fest.

Pfingstsonntag 1923

Paul Stefan

ERINNERUNGEN AN GUSTAV MAHLER

Die Anmerkungen, soweit nicht anders angegeben, sind vom Herausgeber.

VORGESCHICHTE MEINER FREUNDSCHAFT
MIT GUSTAV MAHLER

Meine erste Erinnerung an Gustav Mahler reicht in die Konservatoriumszeit zurück, da meine Schwester Ellen und ich nach früh absolviertem Geigenstudium als Hospitantinnen die Orchesterübungen unter Hellmesberger besuchten.

Es war knapp vor dem Kompositions=Konkurse; eine Sym= phonie Mahlers sollte gespielt werden. Dazu hatte dieser, da er sich einen Kopisten hiefür nicht bezahlen konnte, Tage und Nächte hindurch das Stimmenmaterial für alle Instrumente herausgeschrieben, wobei es ihm geschah, daß sich da und dort ein Fehler einschlich. Hellmesberger ge= riet darüber in den hellsten Zorn, schleuderte Mahler seine Partitur vor die Füße und rief mit seinem leeren Pathos: „Ihre Stimmen sind voll von Fehlern; glauben Sie, daß ich so etwas dirigieren werde?" Und da er nicht zu bewegen war, auch mit den nachher ausgebesserten Stimmen Mahlers Werk zu bringen, mußte dieser im letzten Augenblick eine „Klavier=Suite" komponieren, die, „weil sie eine flüch= tigere und viel schwächere Arbeit war, prämiiert wurde, während meine guten Sachen vor den Herren Preisrichtern alle durchfielen", erzählte Mahler später davon. — Mir aber machte diese Szene einen unauslöschlichen Eindruck. Heute noch steht mir das Bild vor Augen, wie der Jüngling, dem es auf der Stirne geschrieben stand, daß er unendlich mehr als sein „Vorgesetzter" war, sich eine so schmähliche Behand= lung gefallen lassen mußte, und es ging mir in diesem Augen= blicke wie eine Ahnung blitzartig auf, in welche Hände die geniale Veranlagung eines jungen Menschen gelegt war und was im Laufe dieses Lebens das Genie noch werde erleiden müssen.

Bei Pichlers, der Familie eines Konservatoriums=Kollegen, wo wir alle freundlich aufgenommen waren und frohe, sorg=

1

lose Stunden verlebten, wie sie nur die frühe Jugend kennt, traf ich Mahler später flüchtig wieder. Des längeren einmal in einer Gesellschaft bei Kralik. Da spielte er, darum gebeten, das Meistersinger=Vorspiel in so grandioser Weise, daß ein ganzes Orchester unter seinen Händen zu erbrausen schien. Sonst nahm sich Mahler, wie in allen „feinen" Zirkeln, etwa wie ein „ungeleckter Bär" aus und schien sich auch nicht behaglich zu fühlen. Als wir aber beim Souper nebeneinander zu sitzen kamen, taute er ganz auf, und wir vertieften uns in ein fesselndes Gespräch über Wilhelm Meister.

Als ich nach Jahren wieder mit Mahler zusammenkam, hatte er den Leipziger Aufenthalt hinter sich. Er sah elend aus, war körperlich sehr angegriffen und wie immer, wenn er gerade keine Stellung hatte, von den schwärzesten Befürchtungen bedrückt, als ob er nie mehr eine erhalten werde.

Und wieder liefen ein paar Jahre ins Land und Mahler war, in einem Alter von achtundzwanzig Jahren, Direktor der Oper in Budapest*) geworden. Da kam er eines Tages nach Wien zum Besuch seiner Geschwister: Poldi, die bald nachher starb, und Otto, den Mahler seit einem Jahre aus dem väterlichen Geschäft befreit und auf seine Kosten nach Wien ins Konservatorium gegeben hatte, da er eine tiefgehende, echt Mahlersche Begabung für Musik zeigte. Diese beiden und ich waren für den Abend zu Löhr geladen, deren Sohn Fritz, ein trefflicher Mensch und Gelehrter, viele Jahre hindurch Mahlers liebster Freund war. Mahler, der von jeher ein starkes Heimatsbedürfnis hatte, fühlte sich da, unter Geschwistern und Freunden, am wohlsten, war anregtester Stimmung und zeichnete mich vor allen aus — wie er sich überhaupt auf einen Menschen, von dem er sich angezogen fühlte, mit größter Vehemenz und Parteilichkeit zu stürzen pflegte. Er lud jeden von uns ein, ihn in Pest zu besuchen.

---

*) Oktober 1888 bis März 1891.

2

Erster Teil

MAHLER IN DER FREMDE

BESUCH IN BUDAPEST

Ein oder anderthalb Jahre nach Mahlers Besuch in Wien schrieb ich ihm, daß ich vorhätte, ihn in Pest zu besuchen. Er antwortete mir umgehend und aufs herzlichste, die Aussicht, mich bei sich zu sehen, versetze ihn in die angenehmste Stimmung und ich sollte nur möglichst bald mein Versprechen wahr machen. „Fast bin ich neugierig," fügte er hinzu, „ob wir einander schweigen oder sprechen werden."

Mahler lebte äußerst einsam in Pest. „Ich habe, außer in meinem widerwärtigen Berufe, fast zu sprechen verlernt," sagte er mir. „Auch zum Komponieren komme ich nicht, ja nicht einmal zum Klavierspielen; denn was ich hier treibe, ist Kleinkram und damit verträgt sich nichts, was mir nahe geht."

Seine kleine Wohnung hatte er mir für mein Dortsein überlassen und ging selbst, um es mir zu ersparen, ins Hotel.

Seine künstlerische und persönlich-nationale Stellung in Pest war aufreibend und unerträglich. Künstlerisch war er vor allen Dingen durch die fremde Sprache gebunden, die keine namhafte eigene Musikliteratur besaß und in die keineswegs alle Opern übersetzt waren. Mahler selbst veranlaßte erst eine Übersetzung der „Nibelungen", unter den größten Mühen und Schwierigkeiten für ihn, der des Magyarischen unkundig war. Auch mit dem Sängerpersonal war er in arger Not, weil die wenigsten unter den guten Sängern Ungarisch konnten, andere aber für ihn nicht in Betracht kamen. Denn er hatte, um dem greulichen Unfug, daß an einem Abend, in ein- und demselben Stücke ungarisch, italienisch und oft noch französisch oder deutsch gesungen wurde, ein Ende zu machen, es als Kunstprinzip aufgestellt, daß nur in e i n e r Sprache, also allein ungarisch gesungen werden durfte. Diese „Magyarisierung" der Kunst aber war für ihn persönlich eine Tortur. „Wenn ich nur schon wieder ein deutsches

5

gesungenes Wort hören könnte! Sie glauben nicht, wie ich die Sehnsucht darnach kaum ertrage," rief er, als wir zusammen im Theater waren.

Für alle Wundertaten, die Mahler den Pestern leistete, indem er ihnen nicht nur mustergültige Vorstellungen brachte, sondern auch den ganz verfahrenen Karren der Oper aus dem Sumpf zog und das bedeutende Defizit in ein großes Plus verwandelte — für all das erzeigten sie sich ihm doch nichts weniger als erkenntlich, ja sie griffen ihn von allen Seiten an, besonders das Personal, welches durch ihn zu ungewohnter und vermehrter Arbeit gezwungen war. Ein paar Choristen forderten ihn unter dem Deckmantel verletzter Vaterlandsliebe sogar zum Duell heraus. Mahler aber gab in dem Pester Hauptblatt eine öffentliche Erklärung ab, die seinen Standpunkt gegen das Duell im allgemeinen und für den vorliegenden Fall im besonderen aufs trefflichste präzisierte. Dadurch vermehrte er nur noch die Wut der Angreifer, so daß er sich kaum mehr seines Lebens sicher fühlte.

Auf der Straße konnte man keine fünf Schritte mit ihm gehen, ohne daß alles stehen blieb und die Hälse nach ihm reckte, so berühmt war er. Das machte ihn so wild, daß er, mit dem Fuße stampfend, schrie: „Bin ich denn ein wildes Tier, daß jeder vor mir stehen bleiben und mich angaffen kann wie in einer Menagerie?"

Von solchen Quälereien erholte sich Mahler auf den Ausflügen, die er stets allein (in diesen Tagen mit mir) in die Umgegend machte.

6

STEINBACH AM ATTERSEE
Juli und August 1893

Das Andante der Zweiten Symphonie

„Sind das zwei wunderschöne Themen, die ich heute aus
der Skizze zum Andante meiner Zweiten Symphonie auf‑
gegriffen habe, das ich ebenso wie das Scherzo mit Gottes
Hilfe hier zu vollenden hoffe," sagte Mahler, der, wenn er
vom Komponieren kommt, noch eine Weile ganz entrückt ist
und seinen eigenen Sachen wie ein Fremder gegenübersteht.
„Die zwei Blättchen, auf denen sie noch von Leipzig her
standen, als ich die ‚Pintos' dort dirigierte, taten mir immer
so leid, und wie ich sehe, nicht mit Unrecht. Denn in vollem,
breitem Strome ergießt sich die Melodie darin: die eine um‑
spielt von der andern und immer neue Arme um sich breitend,
in unerschöpflichem Reichtum und Wechsel, zu den mannig‑
fachsten Verschlingungen führend. Und wie fein und kost‑
bar der Schatz aus der eigenen Fülle verarbeitet ist — wenn
du das verfolgen könntest, du hättest deine Freude daran!
    Und nur so, in vollen Zügen, läßt sich's richtig schaffen.
Das ist nichts, wenn einer mit einem armseligen Ding von
Thema sich herumschlägt, das er variiert und fugiert und mit
dem er, weiß Gott wie lange, haushalten muß, um einen Satz
hindurch auszukommen. Ich kann das Sparsystem nicht leiden,
das muß alles im Überfluß da sein und ohne Unterlaß quellen,
wenn es was heißen soll."

Mahler hat sein Andante in sieben Tagen vollendet und
sagt selbst, daß er Grund habe, sich daran zu freuen.

Die Bedeutung Beethovens

In einem Gespräch über Beethoven sagte Mahler:
„Um Beethoven ganz zu verstehen und zu würdigen, darf
man ihn nicht nur als das nehmen, was er uns heute ist,

sondern man muß wissen, welchen Umschwung und stupenden Fortschritt er gegen seine Vorgänger bedeutet. Nur wenn man begreift, welcher Unterschied zwischen der Mozartschen G-Moll-Symphonie und der Neunten ist, kann man überhaupt beurteilen, was er geleistet. Genien wie Beethoven, solcher sublimsten und universellsten Art, gibt es unter Millionen Menschen nur zwei, drei. Vielleicht kann man an Dichtern und Komponisten der Neuzeit nur drei: Shakespeare, Beethoven und Wagner nennen."

Symphonie und Leben

„Ich habe schon so darüber nachgedacht," sagte Mahler, „wie ich meine Symphonie nennen soll, um durch den Titel nur etwas auf den Inhalt hinzuweisen und, mit einem Worte wenigstens, meine Absicht zu kommentieren. Aber mag sie immer ‚Symphonie' heißen und nichts weiter! Denn Benennungen wie ‚symphonische Dichtung' oder ‚symphonisches Gedicht' sind abgebraucht, ohne daß sie etwas Rechtes sagten, und man denkt dabei an Lisztsche Kompositionen, wo, ohne tieferen Zusammenhang, jeder Satz für sich etwas malt. Meine beiden Symphonien erschöpfen den Inhalt meines ganzen Lebens; es ist Erfahrenes und Erlittenes, was ich darin niedergelegt habe, Wahrheit und Dichtung in Tönen. Und wenn einer gut zu lesen verstünde, müßte ihm in der Tat mein Leben darin durchsichtig erscheinen. So sehr ist bei mir Schaffen und Erleben verknüpft, daß, wenn mir mein Dasein fortan ruhig wie ein Wiesenbach dahinflösse, ich — dünkt mich — nichts Rechtes mehr machen könnte."

Mystik des Schaffens

„Ich bin heute", sagte mir Mahler, „das Scherzo meiner Zweiten Symphonie wieder durchgegangen, das ich, seit ich's gemacht, nicht mehr angesehen habe, und war ganz überrascht davon. Ist das ein merkwürdiges, ein schauerlich großes Stück! Ich hatte es nicht dafür gehalten während des Komponierens. —

Das Schaffen und die Entstehung eines Werkes sind mystisch vom Anfang bis zum Ende, da man, sich selbst unbewußt, wie durch fremde Eingebung etwas machen muß, von dem man nachher kaum begreift, wie es geworden ist. Ich komme mir dabei oft vor wie die blinde Henne, die ein Korn ge= funden hat.

Aber seltsamer als bei einem ganzen Satz oder Werk tritt diese unbewußte, geheimnisvolle Kraft bei einzelnen Stellen zutage, und gerade bei den allerschwierigsten und bedeut= samsten. Meistens sind es solche, an die ich nicht recht heran will, um die ich mich herumdrücken möchte und die mich doch festhalten und sich schließlich ihren Ausdruck erzwingen.

So ist es mir jetzt im Scherzo bei einem Passus ergangen, den ich schon aufgegeben hatte und wegließ, dann aber auf einem Beiblatt doch hineingefügt habe. Und nun sehe ich, daß es die unerläßlichste, gewaltigste Stelle des Ganzen ist.

Noch auffallender war das vielleicht bei einem Übergang in meiner Ersten Symphonie, der mir so viel zu schaffen ge= macht. Da handelte es sich darum, nachdem die Töne aus kurzen Lichtblicken immer wieder in tiefste Verzweiflung fallen, den triumphierenden, dauernden Sieg zu erringen*); und dazu mußte ich, wie sich mir nach längerem, vergeb= lichem Herumtappen zeigte, durch eine Modulation von einer Tonart in die des nächstfolgenden Tones gelangen (von C= Dur nach D=Dur, der Grundtonart des Stückes). Das hätte man sehr billig haben können, indem man den halben Ton dazwischen benützte und so von C zu Cis, dann zu D auf= stieg. Doch da hätte jeder gewußt, daß es die nächste Stufe ist. Mein D=Akkord aber mußte klingen, als wäre er vom Himmel gefallen, als käme er aus einer anderen Welt. Da habe ich, durch eine freieste und kühnste Modulation, zu der ich mich lange nicht verstehen wollte und von der ich mich nur widerstrebend fortreißen ließ, den Übergang ge= funden. Und wenn etwas groß ist an der ganzen Symphonie,

---

*) Im Vierten Satz.

so ist es diese Stelle, die — ich kann es wohl sagen — ihres=
gleichen sucht.

Etwas dem Ähnliches ist es, wenn man in Orchesterwerken durch die Eigenart und Unzulänglichkeit der verschiedenen Instrumente zu Nähten und Bändern gezwungen ist. Gerade sie, unter denen sich ein Mangel verbirgt, werden unter der richtigen Hand zu Schmuck und Zierde, während ein Stümper sie nur notdürftig, armselig deckt und verkleistert."

Über „Das irdische Leben" und die „Fischpredigt"

Ich fragte Mahler, wie es gekommen sei, daß ihm die „Fisch= predigt" zum mächtigen Scherzo der Zweiten anwuchs, ohne daß er zunächst daran gedacht und es gewollt. Er entgeg= nete: „Es ist ein seltsamer Vorgang! Ohne daß man an= fangs weiß, wohin es führt, fühlt man sich immer weiter und weiter über die ursprüngliche Form hinaus getrieben, deren reicher Gehalt doch, wie die Pflanze im Samenkorn, unbe= wußt in ihr verborgen lag. Daher, scheint mir, könnte ich mich nur schwer in den festgesetzten Grenzen halten, wie sie ein Operntext (es müßte denn ein selbstgemachter sein) oder auch nur das Vorspiel zu einem fremden Werke einem auferlegen.

Etwas anderes ist es bei Liedern, aber nur darum, weil man da mit der Musik doch viel mehr ausdrücken kann, als die Worte unmittelbar sagen. Der Text bildet eigentlich nur die Andeutung des tieferen Gehaltes, der herauszuholen, des Schatzes, der zu heben ist.

So ist es, wenn ich mir unter dem Schrei des Kindes nach Brot (in jenem Gedicht, das ich zur Deutung eben ‚Das irdische Leben' nenne) und der Antwort der Mutter, die es immer und immer auf später vertröstet, das menschliche Leben überhaupt denke: das einem solange das Nötigste, dessen Geist und Leib zum Wachstum bedürfen, hinausschiebt, bis es — wie bei dem toten Kinde — zu spät ist. Und ich glaube, daß das in den unheimlichen, wie im Sturm dahin= sausenden Tönen der Begleitung, dem qualvollen Angstruf des Kindes und der langsamen, eintönigen Erwiderung der Mutter — des Geschickes, das sich mit der Erfüllung unseres Schreies nach Brot ja nicht zu beeilen braucht — charakteristisch und furchtbar zum Ausdruck kommt. In der ‚Fischpredigt‘ dagegen herrscht — wie im ‚Himmlischen Leben‘*) — ein etwas süßsaurer Humor. Der heilige Antonius predigt den Fischen, und seine Worte verwandeln sich sofort in ihre Sprache, die ganz besoffen, taumelig (in der Klarinette) erklingt, und alles kommt daher geschwommen. Ist das ein schillerndes Gewimmel: die Aale und Karpfen und die spitzgoscheten Hechte, deren dumme Gesichter, wie sie an den steifen, unbeweglichen Hälsen im Wasser zu Antonius hinaufschauen, ich bei meinen Tönen wahrhaftig zu sehen glaubte, daß ich laut lachen mußte. Und wie die Versammlung dann, da die Predigt aus ist, nach allen Seiten davon schwimmt:

> ‚Die Predigt hat g'fallen,
> Sie bleiben wie alle‘ —

und nicht um ein Jota klüger geworden ist, obwohl der Heilige ihnen aufgespielt hat! — Die Satire auf das Menschenvolk darin werden mir aber die wenigsten verstehen.“

Im Anschluß daran sagte Mahler: „In viele meiner Sachen ist die böhmische Musik meiner Kindheitsheimat mit eingegangen. In der ‚Fischpredigt‘ ist mir's besonders aufgefallen. Das nationale Moment, welches darin steckt, läßt sich in seinen rohesten Grundzügen aus dem Gedudel der böhmischen Musikanten heraushören.“

Das „Rheinlegendchen“

Ich wollte zu Mahlers Ungeduld nichts Geringeres wissen, als wie man komponiert. „Gott, wie kann man so etwas fragen, Natalie! Weißt du, wie man eine Trompete macht? Man nimmt ein Loch und schlägt Blech drum herum; so

---

*) „Wir genießen die himmlischen Freuden“. (Jetzt letzter Satz der Vierten Symphonie.)

ungefähr ist es mit dem Komponieren. Nein, im Ernst, wie ließe sich das sagen? Das geschieht auf hundertfach verschiedene Weise. Bald gibt das Gedicht den Anstoß, bald die Melodie. Oft fange ich in der Mitte, oft am Anfang, zuweilen auch am Ende an, und das übrige schließt sich nachher dran und drum herum, bis es sich zum Ganzen rundet und vollendet.

Heute z. B. hatte ich ein Thema im Sinne und blätterte im Buch herum und da waren die passenden Verse eines reizenden Liedes zu meinem Rhythmus bald gefunden. ‚Tanzreime' nenne ich's (‚Rheinlegendchen' hat er's später genannt), oder könnte ich es mit einer Gruppe von anderen Liedern taufen, oder ‚Um schlimme Kinder artig zu machen'. Das aber unterscheidet sich der Art nach sehr von den früheren, die ich für Frau Webers Kinder geschrieben.*) Es ist viel unmittelbarer, dabei kindlich-schalkhaft und innig, wie du noch nichts gehört hast. Und gar in der Instrumentierung ist es süß und sonnig, die reinen Schmetterlingsfarben. Aber trotz aller Einfachheit und Volkstümlichkeit ist das Ganze höchst eigentümlich, besonders in der Harmonisierung, daß die Leute sich nicht hineinfinden, es gesucht nennen werden. Und doch ist es das Natürlichste, was es geben kann, das von der Melodie einfach Verlangte."

Werk und Wirkung

„Was mir nur daran verloren geht, daß ich meine Sachen nicht in der lebendigen Ausführung prüfen kann! Wie viel könnte ich da nicht lernen, bei meiner eigensten Orchesterbehandlung, wie nötig wäre mir das! Im Instrumentieren z. B. trage ich vielleicht manches zu stark auf, aus Furcht, es könnte verloren gehen oder zu dünn erscheinen.

Und daß mir so alle lebendige Wechselwirkung zwischen der Außenwelt und meiner Innenwelt fehlt, zwischen Arbeit

---

*) In Leipzig, wo Mahler mit der Familie C. v. Webers, des Enkels des berühmten Komponisten, befreundet war.

und endlich auch einer Wirkung dieser Arbeit, — du glaubst
es nicht, wie mich das lähmt!"

Dirigentenmühen

Mahler sprach von seiner Dirigententätigkeit in Hamburg:
„Da studiere ich unter solcher Anspannung aller meiner
Kräfte bis ins kleinste Detail meine Vorstellungen ein, bis
sie wirklich klappen und wie aus einem Guß gehen: und
für wen geschieht das? Für welche Herde von Schafen, die
es gedankenlos und nutzlos anhören, denen es bei dem
einen Ohr hinein, bei dem anderen wieder hinausgeht, wie
den Fischen bei der Predigt des heiligen Antonius von
Padua! —
Wenn ich so eine Aufführung musterhaft, mit meiner
ganzen Seele und meinem ganzen Können zu Ende geführt,
wie den Wagnerzyklus im Frühling, wo selbst d i e s e s Pu=
blikum einen Abend nach dem andern, oft fünf Stunden lautlos
dasaß —; die Sänger wurden ein über das andere Mal heraus=
gerufen; ich aber gehe einsam fort, habe nicht einmal je=
manden, mit dem ich darüber reden und die nachzuckende
Erregung beschwichtigen könnte, und verzehre allein im
Kaffeehaus mein Schinkenbrot: da möchte ich wirklich oft über
die Nutz= und Freudlosigkeit einer solchen Tätigkeit außer mir
geraten, dächte ich nicht immer wieder, ein paar werden es
vielleicht doch sein, in die der Keim meines Wirkens fällt,
in denen er aufgeht und irgendwann und irgendwo einmal
Früchte trägt — und das ist schon genug."

Ich sagte zu Mahler, wie ich es nicht begriffe, daß ihm
seine Hamburger Orchesterspieler feind sein könnten? „Denn
immer habe ich noch gefunden, auch bei nicht hochstehen=
den und unernsten Menschen: demjenigen, der sie fördert,
über sich selbst hinaus hebt und zu ihrem eigenen Besseren
zwingt, hängen sie aufs wärmste und dankbarste an, ja gehen
für ihn durchs Feuer."
„Da irrst du sehr! Glaubst du, diesen Leuten sei es darum

zu tun, zu lernen und vorwärts zu kommen? Denen ist die Kunst nur die Melkkuh, welche ihnen das gemeine Leben ermöglicht, das sie dabei so bequem und angenehm als möglich führen wollen. Doch sind ja Willigere und Bessere unter ihnen, und mit diesen müßte man mehr Geduld haben, als ich imstande bin. Denn wenn einer nicht gleich trifft, was da steht, könnte ich ihn auf der Stelle ermorden und fahre ihn an und bringe ihn so aus der Fassung, daß er mich wirklich haßt. So fordere ich oft mehr von ihnen, als sie in der Tat fähig sind zu leisten, und kein Wunder, wenn sie mir das nicht vergeben.

Am ärgsten ist es gegen den Schluß der Saison, wo alle ab= gearbeitet und übermüdet sind. Das äußert sich bei den Mu= sikern in einer Abnahme der Aufmerksamkeit und Leistungs= fähigkeit. Ich aber muß infolgedessen, obgleich ich ebenso und wahrscheinlich mehr als sie herunten bin, meine Kräfte um so straffer anspannen und meine Forderung höher stellen, damit dieselbe vollkommene Leistung erzielt werde, unter der ich mich nicht zufrieden geben kann. Da kommt es denn oft zu wenig erquicklichen Szenen, in denen ich zwar immer die Oberhand behalte, bei denen mir aber der Ärger ans Leben geht.

Und bei alledem gehe ich heute gelinde vor gegen frühere Zeiten. In den ersten Jahren meiner Kapellmeistertätigkeit, da ich noch nicht so weg hatte, worauf es ankommt, und die Leute achtstündige und noch längere Proben täglich machen ließ, da kam es in Kassel einmal so weit, daß eine wahre Revolution in meinem Orchester auszubrechen drohte. Wie mir von einem Freunde verraten wurde, beabsichtigten näm= lich sämtliche Instrumentalisten und Choristen, mit Stöcken und Knütteln bewaffnet in die Probe zu kommen, um mich weidlich durchzubleuen. Ich sollte, riet mir mein Freund, ein Unwohlsein vorschützen und ja zu Hause bleiben. Natür= lich ging ich jetzt erst recht hin, fing sofort aufs strengste und schärfste die Übung an, ließ keinen der Herren aus dem Auge und gönnte ihnen auch nicht einen Augenblick

Rast, sich zu besinnen; schlug, als die Probe fertig war, mit einem wütenden Blick um mich, den Flügel zu und verließ, ohne ein Wort zu sagen und ohne daß es nur einer gewagt hätte, mir nahe zu kommen, geschweige denn mich zu be- rühren, den Saal. Nachträglich haben mir die armen Kerle oft leid getan, die mir zu Anfang in die Hände fielen und denen ich er- barmungslos den letzten Atem und die letzten Kräfte bei meinen Proben ausgepreßt habe."

Brutalität der Geräusche

Mahler, dem selbst auf dem Lande Lärm und Unruhe so viel zu schaffen macht, erzählt mir, er habe schon als Kind gewünscht, unser Herrgott hätte doch jeden Menschen so ausgestattet, daß im Nu, wenn er zu laut wird, ihn etwas wie ein innerlicher „Knüppel aus dem Sack" tüchtig prügeln und sofort zum Schweigen bringen sollte. „Ich bin sicher," sagt er daran anschließend, „daß die Menschheit in irgend einer späteren Epoche gegen Geräusche so empfindlich sein wird, wie jetzt etwa gegen Gestank, und daß es die schärfsten Strafen und öffentliche Maßregeln gegen Verletzung des Ge- hörs geben wird. Heute, wo schon alles Mögliche und Un- mögliche geschützt wird, ist nur eines, der denkende Mensch, vogelfrei und jedem Angriff, jeder gröblichen Störung durch die brutale Gewalt von außen, dem Spektakel in allen Formen preisgegeben.

Bezeichnend dafür ist die Geschichte von Friedrich dem Großen und der Mühle, die in einem human-sozialen All- gerechtigkeitsdusel so hoch ausgespielt wird. Es ist ganz schön, daß der Bauer gegenüber dem König zu seinem Recht kommt, aber die Medaille hat ihre Kehrseite. Müller und Mühle mögen in ihrem Bereiche immerhin geschützt sein: wenn die Räder nur nicht klapperten und damit ihre Grenzen aufs unverschämteste überschritten und in dem Bereich eines fremden Geistes so viel Störung und Schaden anrichteten, wie gar nicht zu ermessen ist!"

Brahms und Bruckner

Gustav Mahler und sein Bruder Otto sprachen über Brahms und Bruckner. Otto wollte durchaus dem letzteren die größere Bedeutung zusprechen; im Gehalt seiner Werke stünde er unbedingt über Brahms, die Form sei allerdings bei diesem vollendeter.

„Um ein Werk zu beurteilen," sagte Mahler, „muß man es als Ganzes ins Auge fassen. Und da ist Brahms unstreitig der Größere von beiden, mit seinen ungemein geschlossenen Kompositionen, die übrigens auch gar nicht auf der Hand liegen, sondern umso tiefer und reicher einem aufgehen, je mehr man sich in sie versenkt, gar nicht zu reden von seiner ungeheuren Produktivität, die man doch auch ins Gesamtbild eines Künstlers mit einbeziehen muß. Bei Bruckner wird man freilich durch Größe und Reichtum der Erfindung hingerissen, aber auch jeden Augenblick durch ihre Zerstücktheit gestört und wieder herausgerissen. Ich kann das sagen, da du ja weißt, wie sehr ich Bruckner trotzdem verehre, und was in meiner Macht steht, werde ich immer tun, daß er gespielt und gehört werde. Das ist ja das Beklagenswerte, daß Bruckner in seinem Leben und bei der Mitwelt sein Recht nicht ward. Heute, da er kaum anfängt durchzudringen, ist er über siebzig Jahre alt; und von der Nachwelt, auf die nur das in sich Abgerundete, Vollkommene gelangt, wird er noch weniger geliebt und verstanden werden. Denk an Jean Paul, der doch ein so außerordentlicher Kerl und geistvoll und überreich wie kein anderer ist: wer liest ihn und wer kennt ihn heute noch?

Nein, es genügt nicht, ein Kunstwerk nur auf seinen Inhalt zu prüfen, sondern die ganze Gestalt, in der es in Erscheinung tritt, bei der Stoff und Form eins geworden sind, machen es aus. Sie ist's, die seinen Wert bestimmt und seine Lebenskraft und Dauer."

Beurteilung Liszts

Mahler erzählte, daß er ganz entgegengesetzter Ansicht über Liszt sei als Strauß. „Als wir das letztemal zusammen-

trafen, sagte er mir, er habe früher so wenig von Liszt gehalten wie ich, sei aber nachträglich zur höchsten Schätzung
seiner Werke gelangt. Dazu werde ich nie kommen. Der
dürftige Gehalt und das scheinhafte Machwerk seiner Kompositionen liegt, wenn man näher zusieht, so am Tage, wie
die Fäden eines schlecht gewobenen Kleides nach kurzem
Tragen hervortreten und überall fühlbar werden."

Die Größe Wagners

Mahler: „Wenn ich noch so niederträchtiger Stimmung
bin und ich denke an Wagner, so werde ich gut gelaunt.
Daß so ein Licht wie das seine nur überhaupt je die Welt
durchdrang! War das ein Feuergeist, ein Revolutionär und
ein Reformator der Kunst, wie es keinen noch gegeben! Aber
er wurde auch im rechten Augenblick, zur wahren Gelegenheit geboren, da die Welt auf all das harrte, was er ihr zu
sagen und zu bringen hatte. Und darin liegt nahezu die
Hälfte der ungeheueren, weltbewegenden Wirkung, die solche
Genien ausüben. ‚Das meiste nämlich vermag die Geburt
und der Lichtstrahl, der dem Neugeborenen begegnet', wie
Hölderlin sagt, und wie viele hohe Geister mag es geben,
die, zur Unzeit in die Welt gekommen, ungebraucht und
unerkannt spurlos vorübergehen!

Kein leichtes Amt haben auch die Nachgeborenen, die
Epigonen solch großer Geister wie Beethoven und Wagner.
Denn die Ernte ist eingeführt und es sind nur noch die
vereinzelt zurückgebliebenen Ähren aufzulesen."

Geistige und leibliche Geburt

Mahler sagte, daß ihm stets nur aus Leid und schwerstem
inneren Erleben ein Werk entsprossen sei. „Und ich denke,
bei den meisten ist es so, die allergrößten Genies vielleicht
ausgenommen, deren Zahl sich auf einen Fingernagel schreiben
läßt, die auch das nicht brauchen. Mir aber scheint das künstlerische Schaffen der Perle vergleichbar, die, aus den größten
Schmerzen der Muschel geboren, der Welt ihren Schatz schenkt.

Die geistige Geburt ist der leiblichen so ähnlich. Unter welchem Ringen, welchen Qualen, welcher Angst geht sie vor sich — welcher Jubel aber, wenn das Kind dann gesund und kräftig ist!"

Mahler ist außer sich, wenn er argwöhnt, daß ihn jemand beim Komponieren belauscht oder auch nur nahe ist. „Könnt ihr es nicht begreifen, wie einen das stört, jede Möglich= keit des Schaffens benimmt? Welche Indiskretion und Un= zartheit, die jede innere Scham verletzt, liegt darin, noch Ungewordenes, erst im Entstehen Begriffenes fremden Ohren preiszugeben! Es ist mir, als wenn man das Kind im Mutter= leib der Welt zeigen wollte."

STEINBACH AM ATTERSEE
Sommer 1895*)

Mahler arbeitet, kaum daß er hier ist, an seiner Dritten
Symphonie. „Mit der hoffe ich Beifall und Geld zu verdienen,"
sagte er mir scherzhaft an einem der ersten Tage; „denn d a s
ist Humor und Heiterkeit, ein ungeheures Lachen über die
ganze Welt!" Aber schon am nächsten Tage widerrief er
es: „Du, mit dem Geldverdienen wird es auch bei der Dritten
nichts! Denn ihre Heiterkeit werden die Leute erst recht
nicht verstehen und gelten lassen; sie schwebt noch ü b e r
jener Welt des Kampfes und Schmerzes in der Ersten und
Zweiten und konnte nur als deren Resultat hervorgehen.
   Daß ich sie Symphonie nenne, ist eigentlich unzutreffend,
denn in nichts hält sie sich an die herkömmliche Form. Aber
Symphonie heißt mir eben: mit allen Mitteln der vorhandenen
Technik eine Welt aufbauen. Der immer neue und wechselnde
Inhalt bestimmt sich seine Form von selbst. In diesem Sinne
muß ich stets erst wieder lernen, mir meine Ausdrucks=
mittel neu zu erschaffen, wenn ich auch die Technik noch
so vollkommen beherrsche, wie ich, glaub' ich, jetzt von mir
behaupten kann."

Ganz bewegt und erregt von der Arbeit kommend, sagte
mir Mahler beim Spazierengehen: „Das war das Ei des Ko=
lumbus, daß ich in meiner Zweiten Symphonie mit dem Wort
und der menschlichen Stimme einsetzte, wo ich es, um mich
verständlich zu machen, brauchte. Schade, daß mir das in
der Ersten noch gefehlt hat! In der Dritten geniere ich mich
aber nicht mehr und lege zwei Gedichte aus ‚Des Knaben
Wunderhorn' und ein herrliches Gedicht von Nietzsche den
Gesängen der kurzen Sätze zugrunde.
   ‚Der Sommer zieht ein' soll das Vorspiel werden. Da

---

*) Der Sommer 1894 kommt in den Aufzeichnungen nicht vor.

brauche ich sogleich ein Regimentsorchester zur Erzielung der derben Wirkung von der Ankunft meines martialischen Gesellen. Es wird wahrhaftig sein, wie wenn die Burgmusik aufmarschierte. Ein Gesindel treibt sich da herum, wie man es sonst nicht zu sehen kriegt.

Natürlich geht es nicht ohne Kampf mit dem Gegner, dem Winter, ab; doch er wird leicht über den Haufen geworfen, und der Sommer in seiner Kraft und Übermacht reißt bald die unbestrittene Herrschaft an sich. Dieser Satz, als Einleitung, wird durchaus humoristisch, ja barock gehalten.

Die Titel der Dritten werden der Reihe nach lauten:

1. Der Sommer marschiert ein.
2. Was mir die Blumen auf der Wiese erzählen.
3. Was mir die Tiere im Walde erzählen.
4. Was mir die Nacht erzählt (Der Mensch).
5. Was mir die Morgenglocken erzählen (Die Engel).
6 Was mir die Liebe erzählt.
7. Was mir das Kind erzählt.*)

Und das Ganze werde ich ‚Meine fröhliche Wissenschaft‘ nennen — die ist es auch!"

---

*) Merkwürdig ist, daß ein Blatt aus dem Nachlaß der Verfasserin unter der Überschrift „Was das Kind erzählt" die Skizze zum Blumensatz enthält.

BESUCH IN HAMBURG
Jänner 1896

Herrlich wohnt Mahler mit seinen Schwestern hier — „Hohe Luft" ist der sympathische und für Mahlers Schaffen gleichsam symbolische Name dieses Viertels —, wie man in Hamburg nur wohnen kann. Ein Häuschen im Garten mit dem Blick auf Wiesen und Obstbäume, ganz allein für die Drei und ihre zwei dienenden Mädchen. Mahler hat das ganze obere Geschoß inne: ein Klavier=, ein Arbeits= und Schlaf= zimmer.

Von der Aufführung der Zweiten in Berlin
Bei meiner Ankunft traf ich Mahler mit der Orchester= bearbeitung seiner „Lieder eines fahrendcn Gesellen" be= schäftigt. Er hatte eine große Freude, mich zu sehen, was nicht hinderte, daß er mir gleich ein Donnerwetter machte, weil ich am 14. Dezember nicht bei der Aufführung seiner Zweiten Symphonie in Berlin gewesen war (wo ich, unseres ersten Quartetts in Wien wegen, unmöglich hatte sein können).

Als er sich beschwichtigt hatte, begannen Justi*) und er mir von dem Ereignis jener Aufführung zu berichten. Chor und Orchester hatte er gleich nach der ersten Probe als be= geisterte Anhänger auf seiner Seite (was bei den unerhörten Schwierigkeiten, die er ihnen in seinem Werke zumutet, nicht wenig bedeutet).

Justi, die den greulichen Mißerfolg in Pest vor vielen Jahren bei der Aufführung von Mahlers Erster Symphonie und die zwei hartumstrittenen Konzerte der Ersten und Zweiten vor ein und zwei Jahren in Hamburg und Berlin mitgemacht hatte, erzählte, wie sie in höchster Angst und

---

*) Mahlers Schwester Justine, später verheiratet mit Arnold Rosé, dem Primarius des bekannten Rosé=Quartetts.

Aufregung den Saal betrat und zunächst von ihrem Sitze kaum aufzusehen wagte. Schon nach dem Ersten Satz erhob sich ein ungeheurer Applaus des ganzen, in atemloser Spannung dem Werke folgenden Publikums. Allerdings war der Saal, da sich keinerlei zahlende Gäste hatten einfinden wollen, nahezu ausverschenkt, so daß er hauptsächlich mit Konservatoristen und Musikern, also der besten Zuhörerschaft, gefüllt war.

„Der Erfolg", fuhr Justi fort, „wuchs noch mit jedem Satze. Eine solche Art von Begeisterung kann man kaum wieder erleben. Ich sah, daß Männer weinten und Jünglinge zum Schluß einander um den Hals fielen. Und bei der Stelle, da der Totenvogel auf den Gräbern seine letzten langgezogenen Töne schwirrt — Mahler sagte, er habe selbst einen Augenblick Angst gehabt, daß die lange, lautlose Stille bei einem großen Publikum nicht in dem Grade, gleichsam mit verhaltenem Atem aller, möglich sei —, da herrschte eine solche Totenstille, daß keine Wimper zu zucken schien. Und als nachher der Chor einfiel, drang ein schauerndes Aufatmen aus jeder Brust. Der Eindruck war unbeschreiblich!"

Von der musikalischen Wirkung aber, sagte Mahler, habe er sich selbst keine solche Vorstellung gemacht. Da waren Klänge, wie man sie sich noch nie erträumt hatte!

Deutung der Zweiten Symphonie

Eines Abends hat es Mahler mir zuliebe veranstaltet, daß er und Walter bei Behn dessen Klavierauszug seiner Zweiten mir und ein paar intimsten Bekannten vorspielten. Obwohl ich sie teilweise schon in Steinbach von ihm gehört hatte, machte sie nun im Zusammenhang auf mich einen ungeheuren Eindruck.

Am nächsten Morgen sagte mir Mahler über sein Werk: „Der Erste Satz enthält das titanenhafte Ringen eines in der Welt noch befangenen kolossalen Menschen mit dem Leben und dem Geschick, dem er immer wieder unterliegt; sein Tod. Der Zweite und Dritte Satz, Andante und Scherzo, sind Episoden aus dem Leben des gefallenen Helden. Das Andante enthält die Liebe. Das im Scherzo Ausgedrückte kann ich nur so veranschaulichen: Wenn du aus der Ferne durch ein Fenster einem Tanze zusiehst, ohne daß du die Musik dazu hörst, so erscheint dir Drehung und Bewegung der Paare wirr und sinnlos, da dir der Rhythmus als Schlüssel fehlt. So mußt du dir denken, daß einem, der sich und sein Glück verloren hat, die Welt wie im Hohlspiegel, ver= kehrt und wahnsinnig erscheint. — Mit dem furchtbaren Aufschrei der so gemarterten Seele endet das Scherzo.

Das ‚Urlicht' ist das Fragen und Ringen der Seele um Gott und ihre eigene ewige Existenz.

Während die ersten drei Sätze erzählend sind, ist im letzten alles ein inneres Geschehen. Es beginnt mit dem Todesschrei im Scherzo. Und nun die Auflösung der furchtbaren Lebens= frage, die Erlösung. Zunächst, wie Glaube und Kirche sie sich über dieses Leben hinaus schufen. Ein Beben geht über die Erde. Hör' dir den Trommelwirbel an, und die Haare werden dir zu Berge stehen! Der große Appell er= tönt: die Gräber springen auf und alle Kreatur ringt sich heulend und zähneklappernd von der Erde empor. Nun kommen sie alle aufmarschiert im gewaltigen Zuge: Bettler und Reiche, Volk und Könige, die ecclesia militans, die Päpste. Bei allen gleiche Angst, Schreien und Beben, denn vor Gott ist keiner gerecht. Dazwischen immer wieder — wie aus einer anderen Welt — von jenseits der große Appell. Zuletzt, nachdem alle im ärgsten Durcheinander aufgeschrien, nur noch die langhintönende Stimme des Totenvogels vom letzten Grabe her, die endlich auch erstirbt. — Und nun kommt nichts von all dem Erwarteten; kein himmlisches Gericht, keine Begnadeten und keine Verdammten; kein Guter, kein Böser, kein Richter! Alles hat aufgehört zu sein. Und leise und schlicht hebt an: ‚Auferteh'n, ja auferteh'n . . .', wozu die Worte selbst Kommentar sind. Und mit keiner Silbe werde ich mich je mehr herbeilassen, eine Erklärung zu geben!" rief Mahler.

„Die Steigerung und der Aufschwung, der jetzt bis zum Schlusse folgt, ist ein so ungeheurer, daß ich selbst hinterher nicht weiß, wie ich dazu gelangen konnte."

Orchestertechnik und Schreibweise

Im philharmonischen Konzert hörten wir eine schlechte Aufführung der „Pastorale", bei der Mahler ganz verzweifelt das „Festhalten der melodischen Linie" vermißte. Als ich ihn fragte, was er darunter verstehe, erklärte er: „Daß die gesanglichen und rhythmischen Stellen, aus denen das Ganze besteht, auch wirklich in jedem Augenblick zum Ausdruck, zur vollen Gestaltung kommen und nicht, wie bei diesen Handwerkern, ein zerronnener Brei ohne Gehalt und Gestalt daraus wird, der so gar keine Spur von Beethoven ist, daß ich mich wundere, wie er in solcher Entstellung überhaupt je bekannt und geliebt werden konnte.

Freilich bedürfen die gesamten Beethovenschen Werke einer gewissen Redaktion. Denn, siehst du", sagte er, an der Partitur der „Pastorale", die er vor sich hatte, erläuternd, „Beethoven rechnete auf Künstler, nicht Handwerker, in der Leitung sowohl als in der Ausführung. Er hat nicht alles so minutiös hergeschrieben wie später Richard Wagner, auch war er nicht so erfahren in der Orchestertechnik, daß er zwischen Schreib und Klangweise sich nie hätte irren sollen, zumal später, da ihm infolge der Taubheit die Kontrolle darüber gänzlich fehlte. Damit also das, was dem Sinne nach freilich längst dasteht, gespielt werde, muß man dynamische Zeichen jeder Art in die Stimmen schreiben, damit die Hauptsache heraus, die Begleitung zurücktritt, und dafür sorgen, daß Strichart und Vortragsweise die Wirkung hervorbringen, die der Komponist gewollt hat."

Anschließend daran sagte er über seine eigene Schreibweise: „Du glaubst nicht, wie ängstlich und sorgfältig ich da in meinen Werken verfahre. — Ja, ich habe mir eine ganz neue Orchestertechnik zurechtgelegt, die ich mir nur durch meine lange Praxis erwerben konnte. Wenn etwa aufeinanderfolgende

Noten dem Sinne nach getrennt zu spielen sind, so verlasse ich mich da nicht auf die Vernunft der Ausführenden, sondern teile es zum Beispiel zwischen erster und zweiter Geige, statt es der ersten oder zweiten allein zu überlassen. Will ich, daß eine Stimme zurücktrete, so dürfen, je nach Bedarf, nur ein, zwei oder drei Pulte daran. Erst bei voller Kraftentwicklung werden alle beschäftigt. Auch sorge ich für eine große Besetzung, daß die Streicher zu den Bläsern und Schlaginstrumenten, so wie alle untereinander, in richtigem Verhältnisse stehen. Bei den Streichern habe ich die Erfahrung gemacht, daß sie umso lauter klingen, je reiner sie spielen. Damit im Rhythmus keine geringste Abweichung möglich ist, zermarterte ich meinen Kopf, um es aufs genaueste hinzuschreiben. Und zwar vermeide ich es, durch Punkte oder ähnliche Staccatozeichen die Kürze der Noten oder das Absetzen dazwischen zu bezeichnen. Alles wird durch Notenwerte und Pausen bis ins kleinste ausgedrückt.

Das gilt nun freilich von dem, was sich darstellen läßt. Über das weitaus Wichtigere: über das Tempo, und vollends die Gesamtauffassung und den Aufbau eines Werkes, läßt sich so nur verzweifelt wenig feststellen, denn hier handelt es sich um etwas Lebendiges, Fließendes, das nie, auch nur zweimal hintereinander, sich völlig gleich bleiben kann. Deshalb ist ja auch das Metronomisieren unzulänglich und fast wertlos, weil schon nach dem zweiten Takte das Tempo ein anderes geworden sein muß, wenn das Werk nicht drehorgelmäßig, niederträchtig, heruntergespielt wird. Weit mehr als auf die Anfangsgeschwindigkeit kommt es daher auf das richtige Verhältnis aller Teile untereinander an. Ob das Tempo im Gesamten um einen Grad geschwinder oder langsamer ist, mag oft von der Stimmung des Dirigenten abhängen und, ohne Nachteil für das Werk, um ein Geringes variieren. Wenn das Ganze nur ein Lebendiges, und innerhalb dieser Freiheit mit unumstößlicher Notwendigkeit aufgebaut ist."

So hat Mahler, als er im Sommer die Sätze seiner Dritten auf ihre Dauer hin probierte, zu seiner Verwunderung die

Wahrnehmung gemacht, daß er den einen Satz (ich glaube „Die Nacht") das eine Mal um ein paar Minuten langsamer als das andere Mal nahm: er, der Komponist!

Über Neueinführung und Neugebrauch von Orchester≈instrumenten erzählte Mahler, daß er einige von der Militär≈musik her übernommen habe, so besonders die Es≈Klarinette, deren Klang bis dahin für ordinär galt.   „Schon als Bursche war ich von ihr begeistert.   Aber damals wagte ich meinen gemeinen Geschmack, über den mich alle Kollegen auslachten, nicht einzugestehen.   Heute geniere ich mich nicht mehr und weiß, was das Orchester an diesen Klarinetten gewonnen hat."

ABERMALS HAMBURG
Mitte Februar 1896

Es war mir, als ob ich Hamburg gar nicht verlassen hätte, da ich mit Mahler und Justi, die mich vom Bahnhof ab= geholt hatten, ihr gemütliches Heim wieder betrat.

Traulicher Abend zu Hause, da Mahler nicht zu dirigieren hatte.

Die Rede kam auf lustige Brucknergeschichten. Wie zum Beispiel Frau Krzyzanowsky, deren Sohn Rudolf zugleich mit Mahler im Konservatorium bei Bruckner studierte, diesem einen Besuch im Sitzschaff machte! — Das ereignete sich so: Bruckner, der krank gewesen, mußte auf Verordnung des Arztes täglich ein Sitzbad nehmen. Um sich dabei die Zeit zu vertreiben, nahm er sein Notenblatt und kompo= nierte. Darein ganz vertieft, ward er eines Tages von Frau Krzyzanowsky überrascht. Sie pochte an die Türe, und da ihr ein freundliches „Herein!" von drinnen entgegenklang, trat sie ein und erblickte zu ihrem größten Schrecken Bruck= ners umfangreiche Gestalt, wie sie Gott der Herr erschaffen, in der Sitzwanne. Und nicht genug: während sie wie an= gewurzelt dasteht, erhebt sich Bruckner mit einem verbind= lichen Gruß und Lächeln und geht triefend und aller Hülle ledig — auf die entsetzte Dame zu, die mit einem Schrei aus dem Zimmer stürzt und damit den armen Bruckner erst zu sich und zum Bewußtsein seiner Lage bringt.

Und das mußte ihm geschehen, der sich vor Demut und Verlegenheit gegenüber dem weiblichen Geschlecht gar nicht zu fassen wußte und wie ein Schuljunge errötete, wenn er ein Frauenzimmer ansah und sprach.

Als Beispiel für die unglaubliche Bescheidenheit und Her= zensdemut Brucknes erzählte Mahler, wie ihn der alte Mann, wenn er ihn besuchte, beim Abschied immer wieder nicht nur an die Tür begleitete, sondern auf die Treppe hinaus mitging und nun vom dritten Stock in den zweiten, dann noch in den ersten und schließlich ganz hinunter ihm das Geleite gab, es sich nicht nehmen lassend, seinen Gast so zu ehren.

„Ist es wahr," fragte eins von uns, „daß er seine letzte Symphonie dem lieben Gott widmen wollte?"

„Das ist sehr gut möglich," entgegnete Mahler, „und er meinte das jedenfalls ernst und gläubig, wie es bei seiner Einfalt nur sein konnte." Dabei erinnerte sich Mahler, wie Bruckner ihm bei seinem vorletzten Besuch, wo er ihn schon sehr leidend fand, sagte: „Ja, Lieber, jetzt heißt's halt fleißig sein, daß wenigstens die Zehnte noch fertig wird, sonst werd' ich bei dem lieben Gott schlecht bestehen, vor den ich bald kommen werde! Und er wird mir sagen: Wozu, Bürscherl, hab' ich dir denn so ein Talent gegeben, als daß du mir zum Lob und Preis singen sollst? Du hast aber noch viel zu wenig gemacht!"

MAHLER-KONZERT IN BERLIN

16. März 1896

Die Proben

Es ist einem, wenn man unter Mahler etwas vernimmt, als hätte man nie früher musizieren gehört. Es schien mir hier vor dem Ohre, wie es manchmal mein Auge wunderbar überrascht hat, wenn ich gegen Sonnenuntergang ins Laub und Gezweige eines Baumes sah und, was sonst als ein ununterschiedenes grünes Dach sich darüber breitete, plötzlich in allen Blüten und Zweigen, zum Zählen gesondert und durchschaubar, bis zum letzten Blättchen vor mir lag: so durchsichtig und deutlich ward mir ein jeder Ton, jede Stimme, jeder Rhythmus seines tausendfältig reichen und verschlungenen Werkes.

Ich habe immer jeden einzelnen um seinen Part in Mahlers Symphonien beneidet; und die Musiker spielen es auch mit solcher Hingebung und Wärme, daß man sieht, wie sie sich ihrer Aufgabe freuen und wie sie davon gepackt und mitgerissen werden.

Wie unbeschreiblich tonerfüllt und pulsierend von Rhythmik alle Stimmen bei ihm aber auch klingen und singen! Und immer wieder fiel mir auf, wie er nicht zuläßt, daß auch nur ein Stäubchen verloren geht.

Steht er selbst am Dirigentenpult, so haucht er den Spielern gedoppeltes Leben ein; und die unglaublichen Forderungen, die er stellt, lassen sie sich da willig gefallen, so fasziniert und bannt er sie durch seine Geistesgewalt.

An Intensität sucht eine solche Probe ihresgleichen. Ihm entgeht selbstverständlich auch nicht der kleinste Fehler, keine verborgenste, um einen Schatten unrichtige oder unpünktliche Note, die ihn in die größte Ungeduld, ja Wut versetzen kann, daß er die Stelle unerbittlich so

29

oft wiederholen läßt, bis sie musterhaft geht: erst von dem Schuldigen allein, dann von den einzelnen Gruppen der Streich-, Blas- und Schlaginstrumente, zuletzt vom ganzen Orchester.

Ich war glücklich, daß an beiden Tagen das ganze Programm gemacht wurde: zwischen der Ersten Symphonie und dem Ersten Satz der Zweiten jene „Lieder eines fahrenden Gesellen", welche Mahler erst zu dieser Aufführung mit Orchesterbegleitung gesetzt hatte.

Der Inhalt all dieser Stücke ist, der Hauptsache nach, ein so tief schmerzlicher, daß Mahler selbst sagte, es müsse einer ganz zerschmettert sein, der dies gehört habe. „Das ist mir nicht recht, denn als Ziel der Kunst erscheint mir zuletzt doch immer Befreiung und Erhebung vom Leid. Die bleibt nun auch in meiner Ersten nicht aus, aber freilich erlangt sie erst im Tode meines ringenden Titanen den Sieg, der, so oft er früher — und das überwindende und überweltliche Motiv mit ihm — sein Haupt über die Lebenswogen erhebt, immer wieder vom Schicksal einen Schlag auf den Kopf bekommt und von neuem untersinkt." —

Mahler klopfte während der Probe ab, weil ihm ein Piano zu undeutlich gebracht wurde. „Sie müssen den Eintritt etwas hervorheben, daß der Hörer darauf aufmerksam wird, als wollten Sie sagen: Gebt acht, das bin ich! Dann können Sie gleich wieder in der Tonstärke nachlassen."

Und mich fragte er in Bezug auf seine Lieder und Wortkompositionen: „Hast du bemerkt, daß bei mir immer die Melodie vom Worte ausgeht, das sich jene gleichsam schafft, nie umgekehrt? So ist es bei Beethoven und Wagner. Und nur so ist es aus einem Gusse, ist das, was man die Identität von Ton und Wort nennen möchte, vorhanden. Das Entgegengesetzte, wo irgendwelche Worte willkürlich zu einer Melodie sich fügen müssen, ist eine konventionelle Verbindung, aber keine organische Verschmelzung beider."

Das Konzert

Der Kartenverkauf zum Konzert war äußerst gering; ich glaube, nur 48 Mark gingen für Billette ein, wogegen die Aufführung Mahler tausende kostete.

Mahler war vor dem Konzert nicht aufgeregt. Es ging auch alles herrlich bis auf einen falschen Einsatz der Hörner, die er aber gleich wieder im Geleise hatte. Die Aufnahme von seiten des die „Philharmonie" halbwegs füllenden Publikums*) war bis auf kaum merkliche Zischversuche nach dem Ersten Satz der Zweiten Symphonie und dem „Bruder Martin"-Satz der Ersten eine ziemlich warme und zustimmende. Eines der Lieder wurde sogar zur Wiederholung verlangt, aber Mahler ließ sich nicht dazu bewegen. Er empfand die immerhin kühle Wirkung auf die Hörer schmerzlich, und was man ihm auch sagte, er wiederholte nur, den Kopf schüttelnd, allertraurigst; „Nein, sie haben es nicht verstanden!"

Zum Glück war wenigstens einer — außer uns Nächsten — anwesend, der Mahler verstand und begriff, worum es sich handelte. Es war Artur Nikisch, der eigens, auf der Heimreise von Moskau, zum Konzert den Abend in Berlin geblieben war, aufrichtig und mächtig von Mahlers Werk gepackt schien und ihm auch versprach, wenigstens drei Sätze seiner Zweiten im kommenden Winter aufzuführen.

Sorgen um die Zukunft

Wir machten zusammen Kommissionen und Besuche beim Musik-Wolff und bei einem Agenten, dem Mahler Auftrag wegen Vermittlung einer Stelle beim Hoftheater in Schwerin gegeben hatte. Da erhielt er aber die ihn tief deprimierende Nachricht, daß man glücklich wäre, ihn zu haben, wenn er kein Jude wäre. Auch der Intendant der Wiener Hoftheater hatte ihm kurz vorher auf eine Anfrage abschlägig telegraphiert, es sei keine Stellenbesetzung in Aussicht.

Um nach Wien zu kommen, hätte Mahler alles gegeben!

---

*) Die meisten Plätze waren natürlich verschenkt.

In dieser trüben Stimmung sah er jegliches noch schwärzer, als es schon war. „Gott, ich könnte ja alles ertragen," sagte er zu mir, „wenn mir die Zukunft meiner Werke gesichert schiene. Aber nach der gestrigen Erfahrung bin ich hoffnungsloser als je. Ich werde bald mein Letztes für diese teuren Aufführungen hingegeben haben und dann wird es mit meinen Symphonien zu Ende sein, denn ein anderer wird sie mir nicht bringen!"

OSTERBESUCH IN HAMBURG
April 1896

„Was mir die Blumen erzählen"

Mahler war seit kurzem damit beschäftigt, den in der Haupt*
sache fertigen Teil seiner Dritten auszuführen und ins Reine
zu schreiben. Während ich dort war, arbeitete er an dem
Stück: „Was mir die Blumen erzählen."

„Wie das klingen wird, davon kannst du dir keine Vor*
stellung machen! Es ist das Unbekümmertste, was ich je
geschrieben habe, — so unbekümmert, wie nur Blumen sein
können. Das schwankt und wogt alles in der Höhe, aufs
leichteste und beweglichste, wie die Blumen im Winde auf
biegsamen Stielen sich wiegen. So habe ich heute zu meinem
Erstaunen bemerkt, daß die Bässe nur Pizzicato, nicht einen
festen Strich haben und das tiefe und starke Schlagwerk
nicht zur Verwendung kommt. Dagegen haben die Geigen,
wieder mit Verwendung einer Solo*Violine, die bewegtesten,
fliegendsten und anmutigsten Figuren. (Beim Schreiben dieser
Unmassen von Noten habe ich mir meine Hand neuerdings
verdorben, weil ich, wie ich mich ertappte, ohne es zu wollen
und zu wissen, sie nur im Tempo und Notenwert, die un*
zähligen Sextolen also mit größter Geschwindigkeit, schreiben
kann.) Daß es bei der harmlosen Blumenheiterkeit nicht
bleibt, sondern plötzlich ernst und schwer wird, kannst du
dir denken. Wie ein Sturmwind fährt es über die Wiese
und schüttelt Blätter und Blüten, die auf ihren Stengeln
ächzen und wimmern, wie um Erlösung flehend in ein höheres
Reich."

Dieses Stück war es, das Mahler letzten Sommer, kaum
nach Steinbach gekommen, komponierte. Gleich am ersten
Nachmittage, als er aus seinem Häuschen auf die Wiese
hinaussah, wo es in Gras und Blumen ganz eingebettet liegt,
ward es entworfen und in einem Zuge zu Ende geführt.

„Wer die Örtlichkeit nicht kennt," sagte Mahler, „müßte sie fast dazu erraten, so einzig ist sie in ihrer Lieblichkeit, wie geschaffen, den Anstoß zu einer solchen Inspiration zu geben."

Unheimliche Gesichte

Er gestand mir, daß ihn bei der Ausführung dieses Stückes die unheimlichsten Schauer überfielen, weit mehr als bei einem tragischen Vorwurf, gegen den er sich mit Ernst und Humor wappnen und wehren könne. Denn hier, wo er die Welt nicht mehr (wie noch in der Ersten und Zweiten Symphonie) vom Standpunkt des ringenden und leidenden Menschen aus betrachtet, sondern in ihr eigenstes Wesen hinein versetzt ist, müsse er alle Welten= und Gottesschauer empfinden.

Ähnlich erging es ihm in seiner Jugend bei einer unschein= baren Stelle des „Klagenden Liedes", über die er nicht ohne größte Erregung und Ergriffenheit hinauskommen konnte. Er sah sich, sowie er dazu kam, immer selbst aus einer dunk= len Ecke des Zimmers herein treten und empfand einen kör= perlichen Schmerz, wie sein Doppelgänger sich durch die Wandecke durchzwängen sollte, so daß er in der Arbeit nicht fortfahren konnte und aus dem Zimmer stürzen mußte — bis eines Morgens bei derselben Stelle ein Nervenfieber ausbrach. (Freilich hatte er wochenlang auf das angestrengteste gear= beitet und zugleich durch rein vegetarisches Leben seine kräf= tige Konstitution heruntergebracht.)

Etwas Ähnliches geschah ihm, als er am Trauermarsch im Ersten Satz der Zweiten schrieb. Da sah er sich unter Kränzen und Blumen (die von der Aufführung der „Pintos" her in seinem Zimmer waren) aufgebahrt tot liegen, bis ihm Frau Weber nur rasch alle Blumen entfernte.

Von den Schöpferleiden (neben den überschwänglichen Freuden, die sich mehr im Vor= und Nachgenuß als bei der Arbeit selbst einstellen) macht sich niemand einen Begriff, der es nicht, seiner feinbesaiteten Seele nachempfindend, mit= erlebt hat.

Neulich sagte mir Mahler: „Glaub' mir, alles Kunstschaffen hängt eng mit der Irritabilität zusammen!" Und in welchem Maße er sie besitzt, ist unbeschreiblich. Einen solchen Wechsel von Stimmungen in raschester Aufeinanderfolge habe ich noch bei keinem gesehen. Dieser Veränderlichkeit ist auch die Beziehung zu ihm nahestehenden Menschen unterworfen, die vom leidenschaftlichsten Für zum heftigsten Wider ganz un= vermittelt überspringt und einen ebenso parteiisch mit seiner Liebe wie ungerecht mit seinem Haß überschütten kann.

Martyrium

„Du wirst es sehen: ich erlebe den Sieg meiner Sache nicht mehr! Zu fremd und neu ist alles, was ich schreibe, den Hörern, die keine Brücke zu mir finden. Meine Sachen aus der Schülerzeit, wo ich mich noch an anderes anlehnte, sind verloren gegangen oder nie aufgeführt worden, und was später kam, vom ‚Klagenden Lied' angefangen, ist schon so ‚Mah= lerisch', so scharf und völlig ausgeprägt in meiner eigenen Art, daß es eine Verbindung nicht mehr gibt. Auf meine Sprache sind die Menschen noch nicht eingegangen. Sie haben keine Ahnung, was ich sage und was ich meine, und es scheint ihnen sinnlos und unverständlich. Kaum daß die Musiker, die mein Werk spielen, begreifen, was ich will. Als mir das neulich in Berlin plötzlich so klar wurde (bei der ersten Probe im Ersten Satz der D=Dur=Symphonie, den sie zuerst gar nicht kapierten, daß ich selbst meinte, vor unüberwindlichen Schwierigkeiten zu stehen): das war ein Augenblick zum Totschießen! Warum, fragte es in mir, muß ich das alles leiden, warum dieses furchtbare Martyrium auf mich nehmen? Und nicht nur für mich: für alle, die vor mir an dies Kreuz geschlagen worden sind, weil sie der Welt ihr Bestes darbringen wollten, und für alle, die es noch nach mir werden, empfand ich den unermeßlichen Schmerz."

STEINBACH AM ATTERSEE

Sommer 1896*)

Der Morgen des 14. Juni schaute mir leider mit trüben Augen entgegen, aber da es eben ein Stündel nicht regnete, konnte ich es mir nicht versagen, mein sämtliches Gepäck dem Schiff zu überantworten und von Weyregg zu Rad den lieben, altbekannten Weg nach Steinbach zu fahren, und schwelgte im Genusse der Freiheit.

Im „Schnützelputz=Häusel"

In Steinbach alarmierte ich Justi und Emma lange vor An= kunft des Frühschiffes. — Mahler war im „Schnützelputz= Häusel",**) in seinem Arbeits=Sanktuarium, wo es „bei Todes= strafe" verboten war, ihn aufzusuchen oder zu stören. — Von den beiden hörte ich, daß in Steinbach bis jetzt alles schief gegangen. Mahler hatte seine Skizzen zum Ersten Satz der Dritten Symphonie in Hamburg gelassen und war verzweifelt darüber, weil er ohne sie nichts machen konnte. Ein Glück, daß Dr. Behn nicht allzu weit von Hamburg an der Ostsee weilte; er wurde von Mahler durch Expreßbrief gebeten, der Blätter wegen nach Hamburg zu reisen, sie zu suchen und sogleich zu senden. Doch mußten immerhin fünf bis sechs Tage bis zum Eintreffen derselben verstreichen, und welche Ungeduld und Angst Mahler (und wir alle mit ihm) während dieser Zeit ausstand, läßt sich nicht schildern. Zum Über= fluß war auch das Klavier von Wien noch nicht da, so daß Mahler wie ein des Fluges beraubter Aar mit gefesselten Schwingen in seinem Häuschen saß.

Endlich kam das Klavier und bald auch die Skizzen an und Mahler arbeitete nun richtig an der Symphonie jeden

*) Mahler war am 11. Juni abends, die Verfasserin zwei Tage darnach von Wien nach Steinbach gefahren.
**) Nach einem so betitelten Gedicht aus „Des Knaben Wunderhorn".

36

Morgen im Häuschen, trotz aller Widerwärtigkeiten und Gegenströmungen, die dieses Jahr leider störend bis in die Ferien herein drangen.

Mit einem solchen Impetus wie sonst ging es freilich nicht. Aber wenn Mahler sich auch über den Mangel an geistigem Frei= und Frischsein beklagte, sagte er mir doch wieder: „Wer weiß, wozu es gut ist! Vielleicht ist das gerade die der Starr= heit des Ersten Satzes angemessene Stimmung. Wenn es nach mir gegangen wäre, hätte ich jetzt gleich einen ganzen blühen= den und lebenstrotzenden Sommer geschaffen, der hier offenbar gar nicht in der Intention des Werkes liegt und mir alle folgenden Sätze um ihre Wirkung gebracht und den Aufbau des Ganzen gestört hätte. So wollen wir die Widerwärtig= keiten schon ertragen und uns einer geheimnisvollen Schickung und Fügung überlassen, deren Macht mir immer deutlicher wird in meinem Leben, je weiter ich es überblicke."

Krieg gegen die Ruhestörer

Daß Mahler heuer nicht s o „bis über die Ohren" und wie von einem heiligen Wahnsinn besessen in der Sache steckt, zeigt sich auch in seiner grösseren Duldsamkeit gegen die Außenwelt. Denn mit ihr stand er in früheren Sommern in einem wahren Kampf auf Leben und Tod. Was sich rührte und den mindesten Laut von sich gab, ward weit und breit aus dem Umkreis des Häuschens verjagt. Um die zahlreichen Dorfkinder für ihn unschädlich zu machen, hatten wir ein ganzes System ausgesonnen, sie fern und still zu halten. Es war ihnen nicht nur verboten, einen Fuß auf Mahlers Wiese zu setzen oder am See, bezw. im See zu spielen und zu baden, sondern auch auf der Straße und in den Häusern durften sie sich nicht mucksen, was wir durch Bitten und Versprechungen, Naschwerk und Spielzeug erreichten.

Kam ein Leiermann oder wandernde Musikanten, so stürzte man sogleich mit einem „Abfindungszehnerl" auf sie los, daß sie mitten im Ton verstummten. Aber auch jedes Getier: Hunde, Katzen, Hühner und Gänse konnten ihres Lebens in unserer Nähe nicht froh werden; sie wurden vertrieben und eingesperrt oder, wollten sie gar keine Ruhe geben, gekauft und verzehrt, um ihre Stimmen aus der Welt zu schaffen. Ein förmlicher Krieg wurde mit den Raben geführt, die Mahlers Halbinsel umlagerten und umkreisten. Wir ließen (für einen Gulden Belohnung) ihre Nester abnehmen und forttragen. Ein erschossener Rabe aber hing zur Warnung und Abwehr für die krächzende Schar neben dem „Schnützelputz-Häusel". Zu solchen Gewaltmaßregeln sah sich Mahler um seiner Ruhe willen getrieben, er, der keine Fliege und keinen Käfer unnötigerweise ums Leben bringen sehen kann und der ein Feind der Jagd als eines greulichen Barbarismus ist. Auf die andere Seite des Häuschens aber ward ein gräßlicher Popanz hingestellt, bestehend aus einem Heubündel mit quer durchgezogenem Besenstiel als Leib und Arme und einem Kürbishaupt, mit einem Schwimmkleid Justis, einem Rock Emmas und einem Riesenhut von mir angetan, zum Schreck für Mensch und Tier.

Und trotz dieser Vorkehrungen geschah es viele Male, daß Mahler mich „so schnell als möglich" aus meinem Geigenhaus zitieren ließ: weil sich pfeifende Schnitter auf irgend einer angrenzenden Wiese oder sing- und streitlustige Bauern im Gasthausgarten, für ihn vernehmlich und störend, eingestellt hatten. Und nun war es meiner ganzen Schlauheit und Überredungskunst anheimgegeben, den Ruhestörern begreiflich zu machen, was wir von ihnen wollten, und sie durch Bier, Trinkgeld oder weiß Gott was sonst zum Schweigen zu bringen. Wollte es gar nicht gelingen, so sagte ich ihnen, der Herr sei nicht recht richtig im Kopf.

Doch sind diese Intermezzi heuer weit seltener als vor dem Bestand des Schnützelputz-Häusels.

Jugendkompositionen
21. Juni

Auf einem Abendspaziergang sprachen Mahler und ich von seinen Jugendkompositionen, mit denen er so leicht= sinnig umging, daß kaum mehr etwas davon vorhanden ist. „Das Beste davon war ein Klavierquartett," erzählte er mir, „welches am Schluß der vierjährigen Konservatoriumszeit entstand und das großen Gefallen erregte. Graedener behielt es monatelang bei sich und es gefiel ihm so, daß er es bei Billroth zur Aufführung brachte. Bei einer Preiskonkurrenz, zu der ich das Quartett nach Rußland schickte, ist es mir verloren gegangen."

Ein Klavierquintett und zwei Symphonien sowie ein Vor= spiel zu den „Argonauten", das er früher gemacht, und eine preisgekrönte Violinsonate hat er nie ganz zu Papier gebracht. „Das war mir damals zu umständlich und mein Geist hatte sich noch zu wenig beruhigt und gesetzt. Ich schritt von Entwurf zu Entwurf und führte das meiste nur im Kopf aus; da wußte ich aber jede Note, daß ich es allezeit vorspielen konnte — bis ich es eines schönen Tages vergessen hatte.

Drei Sätze existieren von einer A=Moll=Symphonie; der vierte war ganz fertig, doch eben nur in meinem Kopf, das heißt auf dem Klavier, an dem ich damals noch alles komponierte (was man n i c h t tun soll und ich späterhin auch nicht tat).

Ganz unzureichend waren meine damaligen Lieder, für die meine Phantasie noch zu wild und maßlos war, zumal es eigentlich am schwierigsten ist und die größte Kunst und das meiste Können erfordert, in eine kleine Form einen großen Inhalt zu gießen."

Wahrheit und Schlichtheit
22. Juni

Mahler und ich radelten nachmittags nach Unterach und saßen unterwegs ein Stündel beim Kaffee in der Burgau. Mahler, der vom Dirigieren und musikalischen Interpretieren

sprach, sagte: „Wie lang braucht es, welche Summe von Er=
fahrung und welche Reife ist nötig, bis man dahin kommt,
alles schlicht und eigentlich zu machen, wie es da steht,
nichts dazu zu tun und nichts hineinlegen zu wollen, was
nicht darin ist; denn ein Mehr kann nur ein Weniger sein.
Auch ich bin als junger Dirigent künstlich und zu gesucht
in meiner Wiedergabe der großen Werke gewesen, habe,
wenn auch wohl mit Verständnis und im Geist der Sache,
zu viel von meinem Eigenen hinzu getan. Erst viel später
bin ich zur vollen Wahrheit, Einfachheit und Schlichtheit
durchgedrungen und habe erkannt, daß nur in dem ganz
und gar Ungekünstelten die echte Kunst zu finden ist."

Gespräche über die Dritte Symphonie

Mahler konnte, obwohl noch ohne Skizzen, schon die ersten
Tage in seinem Häuschen nicht unbenutzt lassen; er kompo=
nierte aus „Des Knaben Wunderhorn" ein Lied: „Lob des
hohen Verstandes", ein köstlicher Hohn auf die Kritik. „Hier
kam es nur darauf an," sagte er mir, „nichts an der Sache
zu verderben und genau zu geben, was da steht, während
man in andere oft sehr viel hineinlegen, den Text durch die
Töne vertiefen und erweitern kann."

Auch die Einleitung zum Ersten Satz der Dritten entwarf
er und erzählte mir davon: „Das ist schon beinahe keine
Musik mehr, das sind fast nur Naturlaute. Und schaurig
ist, wie sich aus der unbeseelten, starren Materie heraus —
ich hätte den Satz auch nennen können: ‚Was mir das Fels=
gebirge erzählt' — allmählich das Leben losringt, bis es sich
von Stufe zu Stufe in immer höhere Entwicklungsformen
differenziert: Blumen, Tiere, Mensch, bis ins Reich der Geister,
zu den ‚Engeln'. Über der Einleitung zu diesem Satz liegt
wieder jene Stimmung der brütenden Sommermittagsglut, in
der kein Hauch sich regt, alles Leben angehalten ist, die
sonngetränkten Lüfte zittern und flimmern. Dazwischen
jammert, um Erlösung ringend, der Jüngling, das gefesselte
Leben, aus dem Abgrund der noch leblos=starren Natur, bis

40

er zum Durchbruch und Siege kommt — im Ersten Satz, der attacca auf die Einleitung folgt.

Der Titel: ‚Der Sommer marschiert ein‘, paßt nicht mehr nach dieser Gestaltung der Dinge im Vorspiel; eher vielleicht ‚Pans Zug‘ — nicht Dionysoszug! Es ist keine dionysische Stimmung, vielmehr treiben sich Satyrn und derlei derbe Naturgesellen herum.“

Ein andermal sagte mir Mahler im Gespräch über die Symphonie: „Aus den großen Zusammenhängen zwischen den einzelnen Sätzen, von denen mir anfangs träumte, ist nichts geworden; jeder steht als ein abgeschlossenes und eigentümliches Ganzes für sich da: keine Wiederholungen und Reminiszenzen. Nur auf den Schluß der ‚Tiere‘ fällt noch einmal der schwere Schatten der leblosen Natur, der noch unkristallisierten, unorganischen Materie. Doch be= deutet er hier mehr einen Rückfall in die tieferen tierischen Formen der Wesenheit, ehe sie den gewaltigen Sprung zum Geiste in dem höchsten Erdenwesen, dem Menschen, tut. Ein anderer Zusammenhang, der aber von den Hörern kaum bemerkt werden wird, ist zwischen dem ersten und dem letzten Satze: was dort dumpf und starr, ist hier zum höchsten Be= wußtsein gediehen, die unartikulierten Laute zur höchsten Artikulation geworden.“

28. Juni

Als ich heute mittags von der Geigerei kam, lief mir Justi schon entgegen: „Denk dir, Gustav hat die Skizze zum Ersten Satz vollendet!“ Und als ich sprachlos vor Erstaunen stand, rief Mahler aus seinem Zimmer: „Natalie, Natalie!“ und er= zählte mir, wie er zu seiner eigenen, höchsten Überraschung heute den Entwurf (von dem er gesprochen, als ob er noch Wochen dazu brauchen würde) plötzlich fertig ge= habt habe. Er war so glücklich darüber, daß er sich vor Freude nicht zu fassen wußte. „Wie ist das zugegangen, wie ist es nur möglich?“ fragte ich. „Das weiß ich selbst nicht; die Steine waren ja freilich vorhanden, aber daß mit eins ein Ganzes daraus wurde, muß ähnlich wie bei einem Zusammenlegspiel gekommen sein, dessen Zeichnung man lange vergeblich aus dem Wirrwarr einzelner Würfel heraus= zubekommen sucht, bis sich auf einmal, durch die richtige Gruppierung von ein paar Hauptsteinen, eins ans andere reiht, sich eins aus dem andern ergibt und: das Bild ist da!

Nun ist ja damit nur das Knochengerüste gegeben, alles Fleisch und Blut, die lebendige Ausfüllung fehlt noch und ich werde gut vier Wochen brauchen, bis sie gewonnen ist. Aber die Hauptsache steht damit doch, und was mir zu tun übrig bleibt, dem kann ich jetzt mit größerer Ruhe und Zuversicht entgegen gehen."

Später sagte er in seiner Freude wieder: „So einen Ent= wurf fertig zu haben, das ist, wie wenn ein Mädel seine Ver= sorgung in der Tasche hat. — Nun habe ich auch den Titel für die Einleitung gefunden: ‚Pans Erwachen‘, worauf folgt: ‚Der Sommer marschiert ein‘. Nein, was daraus noch werden wird? Es ist das Tollste, was ich je geschrieben habe!"

Indem er die Reihenfolge der Sätze durchging, sagte er: „Fünf sind Humor, nur zwei, der Fünfte*) und der Siebente — ‚Was mir die Nacht erzählt‘ und ‚Was mir die Liebe erzählt‘ — tiefster Ernst. Wie gerade der Humor am aller= wenigsten verstanden werden wird, das konnte ich aus dem Verhalten eines Freundes, dem ich's vorspielte, entnehmen,

---

*) Nach der endgültigen Zählung der Vierte und der Sechste — Mahler zählt also hier die Einleitung als selbständigen (Ersten) Satz, so daß, unter Berücksichtigung des Gespräches vom 4. Juli, die ganze Symphonie nach seinem damaligen Plane wohl folgende Gestalt gehabt hätte: Pan, sym= phonische Dichtungen. 1. Pans Erwachen. 2. Der Sommer marschiert ein. 3. Was mir die Blumen auf der Wiese erzählen. 4. Was mir die Tiere im Walde erzählen. 5. Was mir die Nacht erzählt (Der Mensch). 6. Was mir die Morgenglocken erzählen (Die Engel). 7. Was mir die Liebe erzählt. — Bekannt= lich sind bei der Herausgabe (1898) alle Titel weggelassen, 1. und 2. in Nummer 1 verschmolzen und als Erste Abteilung allen folgenden Sätzen (Zweite Abteilung, umfassend Nr. 2 bis Nr. 6) vorangestellt worden.

auf den die ‚Nacht' einen ungeheuren Eindruck machte,
während er das darauffolgende Stück der ‚Engel' als zu leicht
nach solcher Schwere nicht gelten lassen wollte und dabei
nicht begriff (was übrigens die wenigsten begreifen), daß der
Humor hier nur für das Höchste einsetzen muß, das anders
nicht mehr auszudrücken ist."

29. Juni

„Das Instrumentieren geht viel leichter, als ich dachte, weil
ich in der ersten Skizze schon, wie ich merke, alles instrumentiert gedacht habe: als Hörner oder Geigen oder Schlaginstrumente, und darin bei der Ausführung kaum etwas hinzu-
zutun brauche."

Trotzdem hat er einen Stoß von Skizzenblättern und seine
Noten-Taschenbücher vollgefüllt, wie er es pflegt, mit hundert
Wendungen eines Motivs oder einer Modulation, bis es gefunden, wie er's braucht und wie es in den ganzen Zusammenhang sich fügen muß.

„Da hat eine Webersche Partitur anders ausgesehen,"
sagte mir Mahler, „der oft fast das ganze Werk gleich ins
Reine niederschrieb! Auf so verschiedene Art gelangen die
Menschen zu ihren Zielen."

Er gestand mir, daß er sich noch immer, auch in der
Dritten, nicht getraue, dem Flügelhorn, welches er seit
frühester Kindheit — von den Militärorchestern her — so
liebt, eine große Rolle zuzuweisen. „Ich fürchte mich stets,
es möchte da und dort bei einer Aufführung nicht aufzu-
treiben sein. — So vorsichtig und ängstlich hat Berlioz die
Es-Klarinette, eigentlich nur zur Erzielung einer gemeinen
Wirkung, angewendet, während ich bei der ganzen Symphonie zwei Es-Klarinettenbläser einfach mitspielen lasse.
Und zwanzig Geigen müssen mir da sein! Himmel, nach
dem Tode — denn bei Lebzeiten spielen sie mich ohnehin
nicht — werde ich mich vielleicht auch noch genieren!" rief
er in komischem Zorn.

4. Juli

Mahler kam heute ganz erschöpft und doch wie trunken von der Arbeit in mein Geigenhäuschen, um mich zum Spazierengehen vor Tisch abzuholen.

„Es ist furchtbar, wie dieser Satz mir über alles, was ich je gemacht habe, hinauswächst, daß mir die Zweite als ein Kind dagegen erscheint. Das ist weit, weit über Lebens= größe, und alles Menschliche schrumpft wie ein Pygmäen= reich dagegen zusammen. Wahres Entsetzen faßt mich an, wenn ich sehe, wohin das führt, welcher Weg der Musik vorbehalten ist, und daß mir das schreckliche Amt geworden, Träger dieses Riesenwerkes zu sein. Heute ist mir, wie einem manchmal durch eigenes Erleben etwas längst Ge= kanntes aufleuchtet und offenbar wird, plötzlich blitzartig aufgegangen: Christus auf dem Ölberg, der den Leidens= kelch bis zur Neige leeren mußte und — wollte. Wem dieser Kelch bestimmt ist, der kann und will ihn nicht zurückweisen, doch muß ihn zu Zeiten eine Todesangst überkommen, wenn er denkt, was ihm noch bevorsteht. Solch ein Gefühl habe ich im Hinblick auf diesen Satz und in der Voraussicht dessen, was ich deshalb werde leiden müssen, um gewiß nicht mehr zu erleben, daß er erkannt und anerkannt werden wird.

Wenn ich es sonst auch in Worten noch andeuten und einigermaßen beschreiben und schildern konnte, was in den verschiedenen Sätzen vorgeht, so hört das hier völlig auf; du müßtest in die Natur selbst dich mit mir versenken, die von der Musik so tief an der Wurzel gefaßt wird wie von keiner Kunst und keiner Wissenschaft. Und ich glaube, auch kein Künstler hat von ihrer Mystik so zu leiden wie der Musiker, wenn sie ihn anpackt."

„Das muß grauenhaft sein, wie wenn der Erdgeist dem Faust erscheint!" rief ich.

„Nicht wie der Erdgeist allein: das All selbst, in dessen unermeßlichen Abgrund du versinkst, in dessen ewige Räume du dich schwingst, daß Erde und Menschenschicksal wie

ein Pünktchen unkenntlich klein dir zurückbleiben und ver-
gehen. Die höchsten Menschheitsfragen, die ich in der
Zweiten stellte und zu beantworten suchte: Wozu sind wir?
und: Werden wir sein auch über dieses Leben hinaus? —
sie können mich hier nicht mehr bewegen. Denn was hat
das im All zu bedeuten, wo alles lebt und leben muß und
wird? Kann ein Geist, der den ewigen Schöpfungsgedanken
der Gottheit in einer Symphonie wie dieser nachdenkt,
sterben? Nein, die Zuversicht bekommt man: ewig und
unvergänglich wohlgeborgen ist alles; und hier hat auch
Menschenleid und ›trübsal keinen Raum mehr. Die sub-
limste Heiterkeit herrscht, ein ewig strahlender Tag, freilich
für Götter, nicht für Menschen, für die er das grausig Un-
geheuere, ein nimmer Festzuhaltendes ist.

In solchen Räumen bewegt sich dieses Werk. Du kannst
dir denken, daß auch die äußeren Dimensionen riesenhaft
sind. Zu meinem wahrhaften Schrecken habe ich erst heute
gesehen, daß dieser Erste Satz eine halbe Stunde, vielleicht
noch länger dauern wird. Was werden sie dazu sagen? —
kein gerades Haar an mir lassen! Doch ich kann es verant-
worten. Durch seine Kurzweiligkeit und Mannigfaltigkeit
ist dieses Werk, trotz der Gesamtdauer von zwei Stunden,
kurz, ja von der größten Knappheit. — Ich werde den Ersten
Satz als erste Abteilung bringen und darnach eine lange
Pause machen. Das Ganze will ich aber nun doch ,Pan,
Symphonische Dichtungen‘ nennen.

Dirigieren werde das nur ich können; ich vermag mir's
nicht auszudenken, daß es je ein anderer imstande sein wird.
Wenn sich nur einige finden, die es unter mir hören und
verstehen. Fast muß ich fürchten, daß es auch den paar
Anhängern und Eingeweihten zu viel sein wird, so schwer
ist dieser Satz, so ins unabsehbar Große und mit einer selbst
mir ungekannten Polyphonie in die Breite geführt. Wer das
nicht im größten Stile erfaßt und erschaut, der steht davor
wie ein Zwerg vor einem Gebirgsriesen, an dem er höchstens
Einzelheiten sieht, niemals das Ganze überblickt.

Und da wird es wieder heißen: Welche Kühnheit, uns damit zu kommen! Muß er seinen Kopf aufsetzen und noch über das hinausgehen, was er uns schon in der Zweiten ge= boten hat! — Wenn sie wüßten, wie wenig es Kühnheit ist von mir, wie es mich nur widerstrebend dazu zwingt, daß ich nichts weniger als froh darüber bin, diesen Weg gehen zu müssen, weil das Werk ihn unverweigerlich fordert. Er= holen wollte ich mich nach dem Ernst und der Schwere der Zweiten an diesem Werk, das mir nun so über den Kopf wächst. Unwiderstehlich reißt es mich fort. Es ist, als ob mir der Strom des Schaffens durch jahrelange Hem= mung so mächtig angeschwollen wäre. Ein Entrinnen gibt es da nicht!

Schrecklich ist, daß mit dem Inhalt auch die Ausdrucks= mittel wieder wachsen müssen. Ich brauche fünf Trompeten, zehn Hörner und sechs Klarinetten; die finde ich nirgends vor und nirgends wird man sie mir bewilligen wollen und ich stehe vor der Wahl, entweder für ein ungenügendes und für meine Sachen veraltetes Orchester die Instrumentation einzurichten (wie es Beethoven naiver Weise mit der Neunten tat, für die das Orchester der damaligen Zeit absolut nicht ausreichte, wodurch sie gehemmt und eingeschränkt ist, bis ein Berufener kommt, der ihr zum hohen Gewinn die Bande löst wie ich bei meiner vorjährigen Aufführung), oder ich versage mir's nicht, zu nehmen, was ich brauche, und laufe Gefahr, überall wegen meiner maßlosen Forderungen ange= feindet und gar nicht aufgeführt zu werden.

Rasend wälzt sich's im Ersten Satz heran gleich dem Süd= sturm, der in diesen Tagen hier fegt und der — ich bin des sicher — alle Fruchtbarkeit in seinem Schoße trägt, da er aus fernen fruchtbar=heißen Ländern kommt — anders als der uns Menschen erwünschte Ostwind=Fächler. In einem fortreißen= den Marschtempo braust es immer näher und näher, lauter und lauter, lawinengleich anschwellend, bis sich das ganze Getöse und der ganze Jubel über dich ergießt. Dazwischen ertönt es im mystischen Anklang und als höchst seltsame, ge=

heimnisvolle Ruhepunkte: ‚O Mensch, gib acht!' (aus der ‚Nacht'.)

Auf diesen ersten Satz, zu dessen Riesenaufgabe ich, glaube ich, nicht den Mut gehabt hätte, wären die andern nicht fertig gewesen, folgen nun, gänzlich unterschieden von dem vorigen, die andern Sätze, so mannigfaltig wie die Welt selbst, und gipfeln und finden die befreiende Lösung in der ‚Liebe'.

Und dafür werden, ich seh es schon, sämtliche Kritiker mich wieder mit Steinen bewerfen und einer wird (wie nach der Ersten zu Marschalk) sagen: ‚Entweder ist dieser Mahler ein Genie oder ein Verrückter.' Ich aber bin sicher: ein Verrückter!"

5. Juli

Wir speisen jetzt erst um 1 Uhr, weil Mahler von 8 bis 12 Uhr aufs angestrengteste arbeitet, darnach noch eine Stunde herumstreifen, sich erholen und für den Tag und die Menschen sich wieder ins Geleise bringen muß. Denn unvergleichlich ist die Intensität seiner Arbeit, die ihn so festbannt, daß ihm alles andere entrückt ist. Mich wundert es nicht, wenn er nervös und über alle Maßen irritiert ist. Er ist ja nicht nur während der vier Stunden im Häuschen damit beschäftigt, sondern auch sonst in einem fort. Das sieht man, wenn man mit ihm geht oder radelt und er alle Augenblicke spur= los in sich versinkt oder auch zurückbleibt und sein Noten= Notizbüchel herauszieht, um etwas hinein zu schreiben — was man nicht bemerken darf, weil er sonst wütend wird.

Als Mahler heute von unten herauf kam, sagte er mir: „Ich brauche schon notwendig ein paar Tage Unterbrechung der Arbeit, um ihr wieder frisch und urteilsfähig gegenüber= zutreten — wie der Maler vor seinem Bilde zurücktritt, da= mit er es übersehen und darnach korrigieren kann. Ich weiß schon nicht mehr, wie es ist, und nichts will mir mehr daran gefallen. So werde ich jetzt nur die Orchesterskizze fertig machen und dann auf eine halbe Woche nach Ischl gehen, ehe ich mit dem Ausarbeiten beginne."

6. Juli

Heute endlich hat das Wetter begonnen, sich aufzuhellen, das acht oder zehn Tage so scheußlich war, wie es nur im Salzkammergut möglich ist.

Ich habe in meinem Geigenstudier=Quartier, fast den ganzen Tag mit mir allein, gefiedelt. Denn wenn man mit Mahler zusammen haust, fühlt man oft die Nötigung, von der fort= währenden inneren und äußeren Bewegtheit und Angespannt= heit, die ihn und alle, die mit ihm sind, umgibt — wie auf einem von den Meereswogen beständig geschaukelten und hin und hergeworfenen Schiffe — sich zu erholen und festen Grundes und seiner selbst wieder habhaft zu werden.

10. Juli

Als Mahler und ich nachmittag zusammen nach Unterach radelten, sagte er: „Denk dir, die Stellen, welche ich bei der Arbeit nur geschwind, interimsweise hinschreibe, um weiter= arbeiten zu können — von denen ich annehme, ich werde sie dann streichen oder ganz ändern —, die erweisen sich nachher als die besten: als so wichtig und notwendig, daß ich, ohne zu schaden, keine Note hinzutun und keine weg= nehmen kann.

Noch seltsamer ist es mir bei einem Passus ergangen, mit dem ich gar nicht ins Reine kommen konnte und der mich die letzten Tage schrecklich quälte. Da ruft mir heute im Schlaf eine Stimme zu (es war die Beethovens oder Wag= ners, mit denen ich jetzt überhaupt — keine üble Gesell= schaft! — nächtlichen Umgang pflege): ‚Laß doch die Hörner drei Takte später einfallen!' Und damit war die Schwierig= keit aufs einfachste und wunderbarste gelöst, daß ich meinen Augen nicht traute!"

25. Juli*)

Mahler kam in froher Laune aus seinem Häuschen, weil die Arbeit sich rapid lichtet. „Es ist, wie wenn ein Schwimmer eine Riesenstrecke bis ans andere Ufer zurückzulegen hätte (wie er und ich den vorigen Sommer miteinander über den Attersee geschwommen waren): im Anfang ist gar kein Absehen auf das Ende, immer Wasser, Wasser, das gar nicht weniger zu werden scheint. Und in der Mitte, wie weit und unerreichbar dünkt uns noch das Ziel! Aber endlich rückt es näher und näher, zum Schluß mindern sich rapid die Fluten und mit ein paar Schlägen ist's getan!"

27. Juli

Mahler hat nur noch 16 Takte, dann ist er fertig!

Im Plaudern darüber sagte er: „Zu meiner Verwunderung und Freude zugleich sehe ich nun: es ist in diesem Satz, wie in dem ganzen Werk, doch wieder dasselbe Gerüst, der gleiche Grundbau — ohne daß ich es gewollt oder daran gedacht hätte —, wie sie bei Mozart und, nur erweitert und erhöht, bei Beethoven sich finden, vom alten Haydn aber eigentlich geschaffen worden sind. Es müssen ihnen doch tiefe, ewige Gesetze innewohnen, an denen Beethoven festhielt und die ich bei mir als eine Art Bestätigung wiederfinde: Adagio, Rondo, Menuett, Allegro und innerhalb dessen der alte Bau, die bekannten Perioden. Nur daß in meinem Werk die Reihenfolge der Sätze eine andere, die Mannigfaltigkeit und Komplikation innerhalb der Sätze eine größere ist."

28. Juli

Welch eine Freude und Entlastung: Mahlers Dritte ist vollendet!

Als ich zurückkam von meiner Morgenfahrt und Stunde in Attersee, kam mir Mahler schon entgegen. Ich sprang

---

*) In die Zwischenzeit fällt Mahlers mehrtägiger Aufenthalt in Ischl, wo er auch Brahms aufsuchte, der ihn freundlich aufnahm und sich Mahlers Zweite erbat.

vom Rad und unter dem Heimgehen sagte er mir, daß er froh und zufrieden mit der Arbeit sei, bis auf den Anfang, der ihm noch etwas zu wünschen übrig lasse. (Ein wahres Wunder! Denn bis jetzt war er jedesmal kreuzunglücklich an dem so lang ersehnten Endtag seines Werkes, weil er nie davon befriedigt war. Und schwerer noch konnte er es ertragen, eines so bedeutenden Lebensinhaltes beraubt zu sein, der so lange sein täglicher, treuester Gefährte gewesen.)

Daheim fand ich die Skizzen zu diesem Ersten Satz auf meinem Tische vor, die Mahler mir zur größten Freude und Überraschung heimlich hingelegt hatte. Sie trugen die liebe Widmung:

„Am 28. Juli 1896 ereignete sich das Seltsame, daß ich meiner lieben Freundin Natalie den Kern eines Baumes schenken konnte, der trotzdem aber in voller Lebensgröße mit allen Zweigen, Blättern und Früchten nun in die Welt hinein blüht und wächst."

30. Juli

Trübes Wetter, so daß unsere geplante Fahrt nach Berch=tesgaden (zu Lipiners) unterblieb.

Indessen gelang es Mahler, heute den Anfang des Ersten Satzes so zu verändern, wie er ihn an der Spitze dieses monumentalen Eingangs braucht. „Und zwar mußte ich da einfach wie ein Baumeister vorgehen, der die Formen seines Gebäudes in die richtigen Verhältnisse zueinander setzt. Indem ich nämlich die Zahl der Anfangstakte verdoppelte (das heißt durch ein Adagio=Tempo um die Hälfte verlang=samte), hat dieser Teil nun die Schwere und Länge, die unerläßlich war."

? August *)

Auf dem heutigen Spaziergang sagte Mahler zu mir: „Im Adagio ist alles aufgelöst in Ruhe und Sein; das Ixionsrad

---

*) Der Tag nicht mehr feststellbar, da an dieser Stelle mehrere Blätter herausgeschnitten sind. Alles Folgende begab sich nach Mahlers Rückkehr aus Bayreuth, wohin er mit Justi am 6. August gefahren war.

der Erscheinung ist endlich zum Stillstand gebracht. In den schnellen Sätzen dagegen, im Menuett und Allegro (ja, selbst im Andante meiner Zeiten) ist jegliches Fluß, Be= wegung, Werden. So schließe ich meine Zweite und Dritte wider den Usus — ohne daß ich mir damals des Grundes bewußt gewesen wäre — mit Adagios, als mit der höheren gegen eine niedrigere Form."

Über Instrumentation
9. Juli

Ich sprach mit Mahler über seine Instrumentation. „Das," sagte er, „worin ich beim Instrumentieren den Komponisten der Gegenwart und Vergangenheit voraus zu sein glaube, könnte man in dem einen Worte ‚Deutlichkeit' zusammen= fassen. Daß alles durchaus so zum Gehör kommt, wie es meinem inneren Ohr ertönt, ist die Forderung, zu der ich alle zu Gebote stehenden Mittel bis aufs letzte auszunützen suche. Nur am richtigen Platze und in seiner völligen Eigen= art darf jedes Instrument verwendet werden. Ja, ich gehe so weit, zum Beispiel die Geigen an Gesangsstellen und im höchsten Schwunge auf der E=Saite, die schmerzlichen und sonoren Töne aber auf der G=Saite spielen zu lassen. Nie= mals nehme ich dort, wo es sich um leidenschaftlichen Aus= druck handelt, die Mittelsaiten, die nicht recht klingen. Um so besser sind sie am Platze bei leisen, verschleierten und ge= heimnisvollen Stellen. Es geht nicht an, sich in solchen Dingen ideale Vorstellungen zu machen, denen die Wirklichkeit dann nicht entspricht.

Will es mich manchmal verdrießen, das so minutiös aus= zuarbeiten — denn es läßt sich nicht sagen, wie ich mir manch= mal den Kopf zerbreche und deutle und tüftle, bis das Ge= wollte wirklich dasteht —, dann sage ich mir: ist es wert zu bestehen, dann ist's auch diese Arbeit wert und wenigstens soll der Zahn der Zeit es nicht so leicht vernichten.

Wo ich anfangs in mangelndem Wissen und Können mit

weniger Sorgfalt und Kunst gearbeitet habe, wie bei meiner Ersten Symphonie, da hat sich das bitter gerächt. Es kam eben nicht heraus was ich wollte, und was zu Gehör kam, war bei weitem nicht so durchsichtig schön und vollkommen, wie es hätte sein können, so daß ich später uminstrumentieren mußte.

Das Geschwätz der Modernen, als bedürfe die Kunst nicht auch in der Ausführung höchster Kunst, ist ganz sinnlos. Vielmehr gehört ein so ungeheurer Aufwand an künstlerischen Mitteln vom Hauptentwurf an bis in die letzte Einzelheit zur Vollendung eines Kunstwerkes, wie es sich die Herren Naturalisten — Impotentisten! — niemals träumen lassen. Und was nicht in allem und jedem von dieser höchsten Kunstmeisterschaft durchdrungen ist, das ist dem Tode verfallen, noch ehe es geboren ist!"

Von Heimat und Jugend

Am Abend gingen Mahler und ich noch bei leuchtendem Sternenhimmel auf der Weyregger Straße spazieren, den See entlang. Wir kamen an ein paar dürftigen Bauernhütten vorüber. Bei der einen sagte Mahler: „Siehst du, in einem so armseligen Häusel bin ich geboren; nicht einmal Scheiben waren in den Fenstern. Vor dem Hause breitete sich ein Wassertümpel aus. Das kleine Dorf Kalischt und einige zerstreute Hütten waren alles, was in der Nähe lag.

Mein Vater (dessen Mutter als Hausiererin mit Schnittwaren früher die Familie erhielt) hatte bereits alle möglichen Erwerbsphasen hinter sich und hatte sich mit seiner ungewöhnlichen Energie immer weiter empor gearbeitet. Erst war er Fuhrmann gewesen und hatte, während er sein Rössel und Fahrzeug trieb, allerhand Bücher studiert und gelesen — sogar das Französische hat er etwas erlernt, was ihm bei den Leuten den Spottnamen des „Kutschbockgelehrten" eintrug. Später war er in verschiedenen Fabriken angestellt und dann wurde er Hauslehrer. Endlich heiratete er auf das Gütchen in Kalischt hin meine Mutter — die Tochter eines Seifen-

sieders aus Leddetsch —, die ihn nicht liebte, vor der Hoch«
zeit ihn kaum kannte und lieber einen andern, dem ihre
Neigung gehörte, geheiratet hätte. Aber ihre Eltern und mein
Vater wußten ihren Willen zu beugen und den seinen durch«
zusetzen. Sie paßten so wenig zu einander wie Feuer und
Wasser. Er war der Starrsinn, sie die Sanftmut selbst. Und
ohne diese Verbindung, würde weder ich noch meine
Dritte existieren — es ist mir immer merkwürdig, das zu
denken.“

Proben der Energie

Mahlers Wahlspruch lautet: „Was man auch macht, so
tüchtig machen, als man überhaupt kann!“ Oder wie er es
mit anderen Worten ausdrückt: „Für mich heißt es überall
und in jedem Augenblick: Hic Rhodus, hic salta!“

Einen Beweis hierfür hat er im letzten Winter gegeben,
wo er außer den vielen Berufsgeschäften die Leitung der
Bülow«Konzerte als eine freilich erwünschte Last auf seine
Schultern nahm. Dazu fiel gerade in die heißeste Arbeits«
zeit noch die Aufführung der ersten drei Sätze seiner Zweiten
Symphonie in Berlin, die ihm mit Stimmenkollationieren und
anderer Arbeit massenhaft zu tun gab. Aus Bosheit ließ ihn
Pollini damals jeden Abend in der Oper dirigieren; um das
Maß voll zu machen, studierte Mahler die Neunte von Beet«
hoven gerade in Hamburg für das letzte Abonnement«Konzert
ein. Um die Proben zu seiner Symphonie machen zu können,
fuhr er allemal n a c h der Oper die Nacht hindurch nach
Berlin, probte am Morgen mehrere Stunden mit den Philhar«
monikern und fuhr am Mittag wieder zur Abendvorstellung
nach Hamburg zurück.

In dieser Hetzjagd konnte es geschehen, daß Mahler auf
einem Podiumgerüste von solcher Höhe die Neunte zu diri«
gieren hatte, daß es ihm hätte den Hals brechen können. Er
hatte nämlich, um das sehr vergrößerte Orchester besser
überblicken und führen zu können, ein eigenes, besonders
hohes Dirigentengestell für sich und sein Pult beim Tischler

bestellt, das nicht fertig wurde bis zum Tage der Aufführung, an dem er aber wegen der ständigen Hetzerei nicht dazu kam, es in Augenschein zu nehmen. So sah und betrat er es erst am Abend selbst, da es zu seinem Schrecken als ein stockhohes Gerüste vor seinen Blicken stand. Als er die Stufen hinaufgestiegen war, erfaßte ihn ein solcher Schwindel vor der Höhe, Schmalheit und Wackeligkeit dieses Schragens, daß er herabzustürzen meinte, wenn er es nicht sogleich verließe. Da nahm er aber seine ganze Energie und alle seine Kraft zusammen — „Ich glaube, hätte ich sie nicht so sehr in dieser Zeit gestählt, wäre mir das unmöglich gewesen" — und faßte wie eingewurzelt auf dem schmalen Trittbrett Fuß und verharrte in dieser unveränderlichen Stellung des Unterkörpers, wie eine Bildsäule, während der ganzen Neunten. Das Publikum aber war von der Aufführung so fasziniert, daß es nach den ersten Takten den Schreckensanblick gänzlich vergaß. —

Ein anderes „Stückel" seiner Energie und Leistungskraft lieferte Mahler, als er vorigen Winter seine Zweite mit einer Migräne dirigierte, die jenen ärgsten Grad erreichte, bei dem er sonst nicht mehr liegen kann, sondern, wäre es auch mitten in der Nacht, aufstehen muß und nur durch unablässiges Hin- und Herlaufen den Zustand noch ertragen kann. Und das, wie durch eine Tücke des Geschickes, gerade in dieser ersehnten Lebensstunde, da er sein Werk hören und anderen aufführen konnte! Während sonst vor der Aufregung eines solchen Augenblicks die Schmerzen, wenigstens solange die Anspannung währt, zu schwinden pflegen, verließ ihn diesmal keine Minute das wahnsinnige Kopfweh, so daß er sich kaum zu rühren wagte und mit einer beispiellosen Ruhe dirigierte, welche die Verwunderung derjenigen, die den Grund nicht kannten, und die Bewunderung aller darum Wissenden erregte. Auf den endlosen Jubel des Publikums, Orchesters und Chors war er dann kaum imstande, sich zu verneigen, und sank daheim wie tot aufs Sopha. Eine halbe Stunde darnach aber war der ganze Anfall vorüber.

Auf der Bahnfahrt von Mondsee nach Salzburg sagte mir heute Mahler: „Möge der Himmel mich davor bewahren, daß mir die Einsicht einmal abhanden kommen sollte, wenn meine Sachen schwächer werden. Bei meinen Arbeiten möchte ich wegen eines Schlechten das Ganze zerstören, im Gegensatz zu den Leuten, die ein ganzes Sodom und Gomorrha wegen eines Gerechten verschonen. Besser wäre es, daß einer in der Glanzzeit seines Schaffens dahingerafft würde, wo immer noch ein Größeres und Höheres zu erwarten steht und noch keine Grenze sichtbar wird, die das Bild seiner Wirksamkeit einschränkt. Ähnlich wie ein Gebirge, dessen Gipfel Wolken verhüllen, höher erscheint als selbst das Höchste, das frei in den Äther ragt. — Doch hat die Natur dem Wachstum und der Wirksamkeit eines Geistes zuletzt Grenzen gesetzt, und es ist vielleicht eine sentimentale Forderung, diese nicht gelten lassen zu wollen."

Lipiner und Mahler

1. August

In aller Frühe waren Mahler und ich auf unseren Rädern von Salzburg nach Berchtesgaden gefahren, um Lipiners zu besuchen. Höchst anregend und gemütlich den Tag mit den Freunden verbracht. Lipiner*) entwarf Mahler in vierstündiger Erzählung seinen ganzen „Christus".

Nachmittag machten Lipiner, Mahler, Klementine**) und ich den schönen Spaziergang zum Achauer Weiher, wurden aber von einem wolkenbruchartigen Regen überrascht. Während Klementine und ich uns unter das schützende Dach

---

*) Siegfried Lipiner, geboren 1856 (also vier Jahre vor Mahler), in der Jugend berühmt geworden durch seinen „Entfesselten Prometheus", den er als Achtzehnjähriger schrieb; seit 1881 Bibliothekar des Reichsrats in Wien. — Sein „Christus" als Trilogie („Maria Magdalena", „Judas Ischariot", „Paulus in Rom") geplant, hat keine endgültige Gestalt gefunden. Das Trauerspiel „Adam" (aus dem Nachlaß 1913 veröffentlicht) war als Vorspiel zur Trilogie gedacht.

**) Lipiners Frau.

der Terrasse eines Kaffeeschanks flüchteten, blieben Lipiner und Mahler, mitten in ihrem Christusgespräch, unten im ärgsten Gusse stehen, nur ihre beiden Schirme über sich haltend, wobei man Lipiner in ununterbrochener Rede gegen Mahler vorgebeugt und mit dem einen freien Arm wie mit Haupt und Körper lebhaft gestikulieren sah, während Mahler, in der Haltung des tief Zuhörenden, wie in den Boden hineingebohrt dastand und nur zuweilen, wie es seine Art ist, wenn ihn etwas besonders tief ergreift und erregt, mit den Füßen aufstieß und wie ein Eber -stampfte. Das alles geschah zur größten Verwunderung und Ergötzung des zahl‑ reichen auf der Terrasse versammelten Publikums, das die bewegten Silhouetten der zwei Männlein im strömenden Regen drunten in wachsender Neugier mit den Augen verfolgte, bis zuletzt alles aufstand, sich vordrängte und hinunterstarrte auf die beiden, die man für entsprungene Tollhäusler zu halten schien, so daß Klementine und ich es bald für geratener hielten, unser Dach aufzugeben, die beiden Männer zusammen‑ zupacken und trotz des heillosen Gusses mit ihnen den Rückweg anzutreten.

WIEDERSEHEN IN HAMBURG

Mahlers Lebensweise

Diesmal lernte ich Mahlers Stadt- und Theaterleben gründ-
licher kennen als bei den früheren, flüchtigen Besuchen.

Seine Tageseinteilung war mit ziemlicher Regelmäßigkeit
folgende:

Um 7 Uhr morgens — trotz späten Schlafengehens — steht
er auf, und während er sich zum kalten Abduschen ins Bade-
zimmer begibt, ertönt sein ungeduldiges Läuten um das Früh-
stück, das er, im Augenblick nachher schon angekleidet, allein
in seinem Zimmer einnimmt. Fühlt er sich wohl, dann sind
das am Morgen für ihn die Götterstunden, die einzigen auch
im Winter, welche ihm allein und seiner Arbeit gehören.
Bei Kaffee und Zigarette wird erst ein wenig gelesen („Des
Knaben Wunderhorn", Goethe und Nietzsche hatte er gerade vor — nur jede Zeitung hat er sich abgeschworen).
Dann aber geht es schleunigst an die Arbeit und die wenigen
Stunden, wenn es hoch kommt, bis $1/2$11 Uhr, wo er täglich
in die Stadt zur Probe muß, nützt er so aus, daß, während
ich dort war, die Ausführung und Reinschrift des Riesen-
satzes Nr. 1 der Dritten zustande kam. Hierauf rennt er
zu Fuß — einen Weg von dreiviertel Stunden — in die Stadt
und mittags ebenso nach Hause.

Orchester-, Chor- und Soloproben füllen die Stunden in-
zwischen aus, in denen er seine Leute in einer Weise führt
und exerziert, daß er ihr Können auf eine nie erreichte Höhe
hebt. „Das gelingt nur in der Rolle des Tierbändigers, die
ich da spiele, der unausgesetzt die Knute der strengsten Forderungen an ihre Aufmerksamkeit und Leistungsfähigkeit an-
legt und sie aufs schärfste handhabt, wenn die Bestie der
Impotenz und Indolenz nur einen Augenblick sich hervor-
wagt."

Sehr hungrig und ungeduldig kommt Mahler um ¹/₂3 Uhr heim, nachdem schon vom Wege her sein Signal:

ihn verkündigt und alle um die Suppe an den Tisch gerufen hat.

Eine große Rolle spielt täglich die eingelaufene Post; denn Mahler wird nicht müde, „die Berufung zum Gott der süd‹ lichen Zonen", wie er es scherzhaft nennt, in Wahrheit ein Engagement von irgendwoher nach irgendwohin — nur von Hamburg weg! — zu erwarten, was für sein großes Mißbe‹ hagen an der gegenwärtigen Stellung leider so bezeichnend ist.

Sehr gern bringt Mahler unvorhergesehen diesen oder jenen als Gast mit und täte es in viel größerem Maße, wenn er sich nicht, der schlechten Finanzen wegen, Einhalt tun müßte. So kam er, als Brüll zur Einstudierung seiner Opern in Ham‹ burg war, mit diesem fast täglich zu Mittag hinaus und später, als ich schon weg war, desgleichen mit Goldmark.

Nach Tisch — nach einem kurzen, meist noch durch musi‹ kalische Besuche: von Opernkomponisten, Textschreibern, Sängern usw. gestörten Schläfchen — ist Mahlers beinahe täglicher Gang zum Kopisten Weidik. An diese Weidik‹ Gänge, bei denen ich ihn gewöhnlich begleitete, schlossen sich unsere eigenen Spaziergänge: in den weiteren Umkreis Hamburgs, wenn Mahler abends nicht zu dirigieren hatte, sonst nur ein halbes Stündel in der Nähe herum. Was es da zwischen der Ewigkeit und der allerunmittelbarsten, aku‹ testen Zeitlichkeit gibt, zwischen dem Unendlichen und dem endlichsten Erdenpünktchen, auf dem sich Mahler und jeder, der mit ihm ist, soeben im Wirbelwinde dreht, das ward unter uns in jeder Stimmung hier durchlebt und durchge‹ sprochen.

Um 6 Uhr entweder in der Oper, von der Mahler meist tief verstimmt nach Hause kam, — wo man nichts leiste und nichts leisten könne: „Ein Augiasstall, den selbst ein Herkules nicht auszumisten vermöchte!" — oder wenn er frei war, verbrachte man den Abend schwatzend oder musizierend, Trübsal blasend oder jubilierend daheim.

Der reine Satz

Nach einer Vorstellung von „Carmen", die ich nun zum dritten Mal in Hamburg hörte, sagte ich zu Mahler, mir käme vor, man dürfe dieses so geniale Werk doch nicht zu oft hören, daß man seiner nicht wie einer zu gewürzten Speise überdrüssig werde. „Davor bewahrt einen", entgegnete er, „die wundervolle Partitur, die eine der feinsten und sauberst gearbeiteten ist, die man sich denken kann. Daran habe ich immer meine Freude und gehe ihr während des Dirigierens in allen Details nach und beobachte und lerne dabei immer von neuem, wie dies oder jenes zustande, zur eigentlichsten und glücklichsten Wirkung kommt."

Im Anschluß daran sagte er: „Das Wichtigste in der Komposition ist der reine Satz, daß jede Stimme wie beim Vokalquartett, das der Prüfstein, die Goldwage dafür ist, gesanglich sei. Beim Streichkonzert ist das noch durchsichtig genug. Immer weniger, je größer das Orchester wird, obwohl es doch da ganz ebenso gilt. Wie sich bei der Pflanze aus der Grundform des einfachen Blattes das höchste Gebilde, die Blüte, und der ganze tausendfach entfaltete Baum entwickelt; wie das Haupt des Menschen nichts anderes als ein Wirbelknochen ist: so müssen die Gesetze, die bei der reinen Führung des Vokalsatzes walten, bis in das komplizierte Stimmengewebe des reichsten Orchestersatzes hinauf festgehalten werden.

Bei mir muß auch das Fagott, die Baßtuba, ja selbst die Pauke gesanglich sein. Und dies galt für alle echten Künstler, ganz besonders auch für Richard Wagner. Nur wurden die früheren oft durch die Unvollkommenheit der Naturinstrumente zu Unsauberkeiten und Aushilfsverfahren gezwungen, wodurch sich dann auch dort, wo es nicht notwendig gewesen wäre, Nachlässigkeiten und Unreinlichkeiten in der Stimmführung einschlichen."

Vom Ersten Satz der Dritten

An einem Abend bot sich endlich die langersehnte Gelegenheit, daß Mahler den Ersten Satz seiner Dritten mir vorspielen konnte. Trotz allem, was ich von ihm selbst während der Zeit des Entstehens im Sommer täglich in Worten darüber vernommen und von Walter in Steinbach davon spielen gehört, trat es wie etwas völlig Unerwartetes, kaum Geahntes nun an mich heran. Mahler selbst war ganz außer sich und mitgerissen davon.

Die Art, wie er seinen Schöpfungen nachträglich auf die Spur zu kommen sucht, gibt ihm bald dieses, bald jenes Bild dafür ein. „Es ist Zeus, der den Kronos stürzt, die höhere Form, welche die niedrigere überwindet, was in diesem Satz zum Ausdruck kommt," sagte er mir diesmal darüber. „Immer mehr sehe ich, wie sehr die ungeheure Naturauffassung der Griechen ihm zugrunde liegt."

Später, als Mahlers Gedanken von seinem Werk auf das Schaffen im allgemeinen weiter schweiften, sagte er: „Ein großartiges Bild für den Schaffenden ist Jakob, der mit Gott ringt, bis er ihn segnet. Wenn die Juden nichts als das erfunden hätten, müßten sie kolossale Leute gewesen sein. — Mich will Gott auch nicht segnen; nur im fürchterlichen Kampfe ums Werden meiner Werke ringe ich es ihm ab."

Druck der Zweiten Symphonie

Einer der Haupterfolge meines diesmaligen Hamburger Aufenthaltes war, daß ich durch mein Werben bei einigen Hamburger Gönnern und Verehrern Mahlers den Druck der Partitur seiner Zweiten Symphonie erreichte. Ich schilderte Berkan*) eines Tages, als wir zu Mittag dort geladen waren

---

*) Kaufmann in Hamburg.

60

(und Mahler vor Migräne nicht hatte mitgehen können), durch den Sekt noch besonders begeistert, in anschaulicher und herzergreifender Weise die Sorge und Not, welche er mit seinen ungedruckten Werken habe: wie er auf der Sommerreise den schweren Notenkoffer immer mit sich schleppe und keinen Augenblick von sich zu lassen wage; daß er keinen Ausflug unternehme, ohne für seine Manu*skripte vor Feuers* und Wassergefahr oder Diebstahl zu zittern, und welche Erschwernis es vor allem für die Ver*breitung und Aufführung seiner Sachen bedeute, daß er die Partituren der Symphonien nicht nach verschiedenen Seiten hin versenden könne. Das alles leuchtete Berkan so ein, daß er nicht nur seinen Hauptanteil an den Kosten des Druckes in hochherziger Weise sofort zusagte, sondern auch die Beschaffung eines Spenders der weiteren Summe in die Hand zu nehmen versprach. Nach einiger Zeit kam er selbst auch in Mahlers Heim angerückt, ihm feierlich, glücklich und voll Bescheidenheit — was diesen sonst einfachen Menschen aufs lieblichste kleidete — die Mitteilung vom glücklich zustande gekommenen Unternehmen des Druckes der C*Moll*Symphonie zu machen.

Mahler war „aus dem Häusel" vor Freude, wenigstens dieses Lieblingskind versorgt und vor dem Untergange ge*borgen zu wissen. Überdies haben Behn und Berkan für die Dritte die liebe Aussicht eröffnet, daß sie auch diese im nächsten Jahre, wenn bis dahin noch kein Verleger sich findet, im Druck nachfolgen lassen wollten.

MÜNCHENER PROBEKONZERT
24. März 1897

Viel mehr Freude als die Moskauer Erfolge *) machten
Mahler die zwei Konzerte, die er hierauf in München an der
Spitze des Kaim=Orchesters leitete. Das war ein Verband
junger Musiker, die er sogleich völlig gewonnen hatte und
die mit ihm durchs Feuer gingen. Sie folgten jeder seiner
Intentionen und fanden sich unter seiner Führung nach ein
paar (allerdings sehr intensiven) Proben in den Stand ge=
setzt, bei der Ausführung seinem Willen tatsächlich nachzu=
kommen.

„Die abscheulichen Unarten", sagte mir Mahler, „oder
vielmehr Unvollkommenheiten, die ich noch bei jedem Or=
chester vorgefunden habe, daß sie die Zeichen nicht be=
obachten können und so gegen die heiligen Gesetze
der Dynamik sowie des verborgenen innersten Rhythmus
eines Werkes sündigen, waren mir auch hier nicht erspart.
Wenn sie ein Crescendo sehen, werden sie schon forte und
accelerieren, beim Diminuendo gleich piano und ritardieren
das Tempo. Die Abstufungen von mezzo=forte, forte, for=
tissimo, von piano, pianissimo, pianississimo suchst du ver=
gebens. Noch weniger kommen sforzando, fortepiano, Kürzen
und Längen zum Ausdruck. Und verlangst du gar, daß sie
spielen, was nicht dasteht, wie es beim Begleiten des Sängers
in der Oper hundertmal geboten ist, wo sie jedem leisesten
Winke des Fingers folgen müssen, da bist du bei jedem
Orchester verloren.
Den Münchener Musikern aber war das überraschend
schnell beigebracht, daß es eine Lust war, mit ihnen zu
musizieren."
Die Meisterschaft, mit der Mahler das kaum übernommene

---

*) Mahler hatte Mitte März zwei Konzerte in Moskau dirigiert.

Orchester lenkte, ließ man auch überall gelten. Auch mit seiner Auffassung von Berlioz und Liszt war man einverstanden. Nicht so bei Beethovens C=Moll=Symphonie, die sie, weil man sie anders als sonst hörte, bei Mahler „höchst unklassisch und willkürlich" fanden.

Mahler sagte geärgert: „Ich hätte ihnen ja den Gefallen tun können, Beethoven in ihrer geist= und sinnlosen Art aufzuführen, und hätte mich dabei geschont. Aber in der Musik wenigstens will ich mir meinen Platz rein erhalten, wenn ich schon im Leben mich genug durchdrücken muß."

Die Folge dieses Probekonzertes war, daß man Mahler die offene Stelle nicht anbot.

BERUFUNG NACH WIEN

1. Mai 1897

Seine ganze Hoffnung war nun auf Wien gesetzt, wo nach vielen Verhandlungen, Schwankungen und Durchgangsstadien die nach Lösung drängende Dirigenten=Frage immer noch auf demselben Punkte stand.

Mahler hatte, seitdem er Wien, das seine geistige, mensch= liche und künstlerische Heimat ist, verlassen, nur die eine Sehnsucht, den einen immer schmerzlich bewußten Wunsch: wieder dahin zurückzukehren. Bei jeder Veränderung in den Wiener Musik=Konstellationen regte sich das alte Verlangen in ihm noch mehr, und es gab keinen Versuch, keine An= strengung, die er nicht deshalb unternommen hätte.

Als nun heuer im Winter die längst unter der Decke schwärende Operndirektions=Angelegenheit akuter zu werden begann, ward außer Mottl, Schuch und anderen auch Mahler halb und halb für den Posten in Aussicht genommen. Lang standen die Dinge eher schlimm als gut für ihn. Da traf er gerade a tempo auf seiner Durchreise von den Münchener zu den Pester Konzerten, die er zu leiten hatte, hier ein und entschied mit der ganzen Schneidigkeit und dem Nachdruck seines Wesens binnen zwei Tagen die Sache zu seinen Gun= sten. Nach seiner Rückkehr aus Pest wurde er vorderhand allerdings nur zum „Kapellmeister auf ein Jahr" an der Oper ernannt.

MAHLERS WESEN UND ERSCHEINUNG

Mahler, an dessen äußerem Menschen, der Art, wie er „in die Erscheinung tritt", es so viel auszusetzen gibt, erwiderte auf dahin gehende Vorwürfe: „Ich kann kein ästhetisches Leben führen, das hängt mit meinem ganzen Wesen und Temperament zusammen. Und wäre ich nicht, wie ich bin, so schriebe ich auch keine solchen Symphonien."

Er kam neulich, mich abzuholen, zu einer Freundin wie ein Wirbelwind ins Haus gestürzt, war redselig und glänzendster Laune und riß in seiner Ausgelassenheit und sprühenden Lustigkeit alles mit sich fort. Aber schon nach kürzester Zeit — wer weiß, was ihm durch den Kopf ging! — verstummte er plötzlich wie das Grab, saß in sich versunken und sprach kein Wort mehr bis zum Fortgehen.

Seine Wechselhaftigkeit und Sprunghaftigkeit ist so groß, daß er nicht eine Stunde lang der Gleiche bleibt und alles außer ihm und um ihn, besonders aber die Nächsten, seinem veränderten Blick immer anders erscheinen. Bei allem Hin- und Herschwanken aber ist die Treue, mit der er immer wieder zu dem einmal Erwählten und Umschlossenen — wie das Zünglein einer Wage zur idealen Mitte — zurückkehrt, bezeichnend für ihn und man kann hierin viel mehr als bei irgendeinem auf ihn zählen.

Seine Vergeßlichkeit und Zerstreutheit (aus Versunkenheit und Abgelenktheit nach innen) ist groß und war in früherer Zeit noch viel größer, so daß ihm die seltsamsten Dinge passierten. Das stärkste davon ist, wie er als junger Mensch in Gesellschaft beim schwarzen Kaffee in der Vergessenheit die Zigarette statt des Löffels in die Tasse steckt und damit umrührt und den Kaffee in der Meinung, er habe Rauch im Munde, über den Tisch der Hausfrau ins Gesicht bläst.

Derartige Geschehnisse weiß man unzählige von ihm. Sein Konservatoriumskollege Winkler erzählte mir einst, Mahler

sei nach einer Probe seiner Klavier‑Violinsonate aus dem
Musikverein — es war im Winter — so vertieft in Ge‑
danken weggerannt, daß er Mantel, Stock und Hut vergaß;
ja auf der Ringstraße verlor er selbst die Hälfte der Noten,
die zum Glück die ihm folgenden Kollegen fanden und
nebst den Kleidungsstücken ihm nachtrugen.

Die Nettigkeit und Akkuratesse seiner Kleidung läßt na‑
türlich alles zu wünschen übrig. Immer stehen ihm die
Strupfen seiner Stiefel vor oder hängt ihm ein Bandel heraus.
Wenn er morgens das Haus unkontrolliert verläßt, hat er
oft noch am Mittag die weißen Spuren des Zahnpulvers
oder der Seife vom Rasieren auf Mund und Wangen.
Manchmal geschieht es sogar, daß er sich zu kämmen ver‑
gißt und wie ein Struwelpeter den ganzen Tag herumläuft —
allerdings nur auf Reisen, denn zu Hause wäscht er sich
täglich vom Kopf bis zu den Füßen, inklusive seinen
Schopf!

Nicht besser ist natürlich die Ordnung, welche er um
sich, in seinem Zimmer, hält. Wenn er es in der Früh
verläßt, sieht es aus, als hätte der Feind dort gehaust: das Bett
in der zerstörtesten Verfassung, Polster und Decke auf der
Erde, das Leintuch zusammengeballt in irgendeiner Bettecke.
Kamm, Zahnbürste, Handtücher und Seife im Zimmer oder
auf dem Bett herumgestreut; Kuverts und Papierschnitzel im
Waschbecken, das Nachthemd und abgelegte Wäsche an
allen Ecken und Enden des Zimmers auf dem Boden.

Äußerst charakteristisch für Mahler ist sein Gang, wodurch
er jedem auffällt und um dessentwillen er von den Kindern
ausgelacht wird. Die Ungeduld guckt und zuckt aus jedem
seiner Schritte, indem er wie ein Rössel oder auch wie ein
Blinder, der den Weg nicht sieht, die Beine hebt und, mit
dem Fuße stampfend, den Boden berührt. Ist er mit
einem im lebhaften Gespräch, so faßt er ihn an der Hand
oder am Kleidzipfel und zwingt ihn alle Augenblicke, stehen
zu bleiben, während er, je mehr er sich im Reden ereifert,
wie ein Eber mit den Füßen den Boden schlägt.

Höchst sonderbar ist es, daß Mahler — bei seinem Rhythmus! — nicht zwei Schritte gleichmäßig geht, sondern fortwährend das Tempo wechselt, zur gänzlichen Unmöglichkeit
für jeden, der mit ihm geht, gleichen Schritt zu halten.
Noch ärger ist es beim Kahnfahren, wo er aufs unregel-
mäßigste, bald in rascher Folge, bald ganz langsam, seine
Schläge tut und sich noch schrecklich ärgert, wenn der
Rudergefährte, dem er an allem Schuld gibt, mit den Rudern
den seinen ins Gehege kommt.

Mahler, der untermittelgroß ist, hat einen scheinbar zarten,
weil schmalen und mageren Körper, der aber in Wahrheit
von einer außerordentlichen Kraft und Elastizität ist, gegen
die der Größten einer nicht leicht aufkommen kann. So ist
er sehr gewandt und ausdauernd bei Leibesübungen, ein
vortrefflicher Schwimmer, Radfahrer und Bergsteiger. Schlitt-
schuhlaufen und turnen habe ich selbst ihn nie gesehen.
In Pest trug er täglich Justi, die schwerer ist als er, samt
Winterkleidung und Pelz drei Treppen hoch hinauf, um ihr,
die sehr elend war, das Stiegensteigen zu ersparen. Und
wie er imstande ist, die mächtigsten Klaviere kurz und klein
zu schlagen, das macht ihm auch kein Riese nach.

Kaum möglich ist es, nach Mahlers Gesicht zu erraten,
wie alt er sei, da es bald jugendlich wie das eines Jünglings,
bald weit über seine Jahre hinaus gefurcht und gealtert
erscheint. Ebenso kann innerhalb einiger Tage, ja oft weniger Stunden sein Äußeres vom besten zum schlechtesten,
vom vollsten zum hohlsten sich verwandeln, was mit dem
fortwährenden und rapiden Wechsel seines ganzen seelischen
und leiblichen Menschen, vor allem jedoch mit jenem ewig
anderen, immer aber mit gleicher genialer Intensität und
größter Unmittelbarkeit ihn erfüllenden Inhalt seiner Person
und seines ganzen Seins zusammenhängt.

Er erscheint, wenn aufgeräumt, wohl auch darum oft so
knabenartig jung, weil er keinen Bart trägt, obwohl ihm
dieser schon, als er noch jung war, aufs üppigste wuchs.
Jahrelang ging er auch als junger Mensch mit einem wuchern-

den, struppigen schwarzen Vollbart; so lernte ich ihn vor etwa 17 Jahren kennen. Erst in Prag ließ er ihn sich abnehmen. Dadurch erhielt sein Gesicht für den oberflächlichen Blick etwas an eine Schauspielerphysiognomie Gemahnendes. Es verdrießt mich immer, wenn es die Leute sagen; denn niemand kann mit dem leeren, künstlichen und uncharakteristischen Ausdruck eines Schauspielers weniger gemein haben als Mahlers so prägnantes, seinen Geist und seine Seele in jeder Miene spiegelndes, offenes und bedeutendes Antlitz. Und könnte es anders sein, als daß das Äußere dem Innern adäquat ist?

Als ich Mahler anfangs drängte, er solle sich den Bart doch in irgend einer Form wieder stehen lassen, verweigerte er es aufs ernstlichste: „Was fällt dir ein? Glaubst du vielleicht, es sei Marotte oder gar Eitelkeit von mir, rasiert zu gehen? Das hat seinen guten Grund darin, daß ich beim Dirigieren nicht nur mit Fingerzeig und Blick, sondern mit Mund und Lippen, in jeder Miene und leisesten Bewegung mich den Sängern und dem Orchester mitteile und jeden Ton ihnen vermittle. Dazu kann ich kein bartverwachsenes Gesicht brauchen, sondern muß es ganz und gar frei haben."

Ungeheuer lebendig und feurig sind seine kleinen braunen Augen, daß ich es gern glaube, ein armer Teufel von Spieler oder Sänger meine zu versinken, wenn Mahlers Blick ihn trifft, den auch Brille oder Zwicker, welche er seiner Kurzsichtigkeit wegen trägt, nicht abschwächen können. Über den Augen erhebt sich ihm die unbändig mächtige, hohe Stirn, auf der das Denken ordentlich in Buckeln und Falten zu lesen ist. Über den Schläfen laufen zwei blau geringelte Adern (ich nenne sie die „ZickzackBlitzAdern"), die den inneren Sturm verkünden und dräuend hervortreten und hoch anschwellen, wenn der Zorn bei ihm losbricht. Etwas Furchtbareres kann es nicht leicht geben als Mahlers Haupt im Zorn, wo alles glüht und zuckt und sprüht an ihm und jedes einzelne seiner Rabenhaare sich emporzurichten scheint.

Eine Eigentümlichkeit an Mahlers Kopfbildung muß ich

noch erwähnen: es ist die gerade Linie, in der sein Hinter-
kopf zum Nacken niederläuft, was von hinten an den Kopf
einer Fischotter erinnert. Gebieterisch ist die große ge-
bogene, feinflügelige Nase und der energische, etwas breite
und festgeschlossene Mund, hinter dem eine Reihe unregel-
mäßiger, aber kerngesunder, schneeweißer Zähne steckt.
Die etwas schmalen Lippen in ihrer Feinheit aber deuten —
wenn es wahr ist, was man davon sagt — auf Mangel an
Sinnlichkeit.

Im Ausdrucke dieses Mundes, in den ein wenig — halb
verächtlich, halb schmerzvoll — herabgezogenen Mundwinkeln
werde ich (das darf ich aber vor Mahler, der zu bescheiden
dazu ist, nicht laut sagen) an Beethoven erinnert, von dem
er eine authentische Maske besitzt, die bei Lebzeiten im Gips-
abguß von seinem Antlitz abgenommen wurde. Ins Gegenteil aber verwandelt sich die Herbigkeit und Strenge von
Mahlers Mund sofort, wenn sein gutmütiges und humorvolles
Lachen durch etwas erweckt wird. So etwas von einem naiven,
herzlichen, homerisch-dröhnenden Gelächter kann man sich
nicht vorstellen. Oft, wenn ich ihn aus dem Nebenzimmer
oder sonst, ohne zu wissen worüber, lachen höre, muß ich
selbst laut mitlachen, so überzeugend und ansteckend sind
seine Lachsalven.

Das muß bei ihm schon in der Kindheit so gewesen sein.
Denn eines Tages, als sich der kleine Gustav den Finger
schwer verletzt hatte, daß er stundenlang schrie und durch
nichts zu beruhigen war, brachte ihm sein Vater den „Don
Quixote" zum Lesen. Und plötzlich hörten die Eltern Gustav
in seinem Stübel so ungeheuer lachen, daß sie meinten, er
habe den Verstand verloren, und bestürzt zu ihm liefen.
Ihn aber hatten nur die Abenteuer des Don Quixote so aus
dem Häuschen gebracht, daß ihm seine wirklich heftigen
Schmerzen darüber verschwunden waren.

Zweiter Teil

MAHLER IN WIEN

SPIELZEIT MAI BIS SOMMER 1897

Antrittsvorstellung
11. Mai 1897

Den Hauptwiderstand fürchtete man vom Orchester. Es hieß, die Mitglieder würden meutern und bei der ersten Vorstellung Mahler, der in dem Rufe stand, durch genaues Proben und Studieren der Werke die Leute tüchtig anzuspannen, durch offene Renitenz unmöglich machen. Indessen hatte er nicht nur nach der ersten Probe schon alle Gegnerschaft besiegt, sondern das ganze Orchester für sich gewonnen. *)

Als Antrittsvorstellung war Mahler der „Lohengrin" zugefallen, für den man ihm nicht mehr als eine Probe bewilligte. Zu dieser ersten Probe fürchtete er sich nur vor einem: der „Ansprache", die er, wie man ihm gesagt, an die Musiker halten müsse. Er, der unvorhergesehen höchst anschaulich und lebendig sprach, hatte ein wahres Trema vor dem „Redenhalten", zu dem er sich, wenn es nicht unbedingt sein mußte, um keinen Preis verstand. Nun ging er schon tagelang umher, sich den Kopf über diese Rede zerbrechend und sie verwünschend. Sie fiel aber dann trotz seiner Befangenheit ganz gut aus, wie er uns erzählte. Bei dem „Lohengrin"-Vorspiel aber war ihm sofort jede Aufregung geschwunden. Nachdem er es einmal mit ihnen durchgespielt hatte, setzte er ihnen auseinander, wie er sich die Sache denke, sprach alle Einzelheiten durch und krempelte alles von A bis Z um.

Übrigens sagte er, er habe noch kein Orchester so befähigt gefunden, zu lernen und seine musikalischen Intentionen auszuführen. „Ich hielt nach der ersten Probe mit

---

*) Auch der Schreiber jenes anonymen Briefes [s. S. 75], den Mahler am Tag nach der Aufführung erhielt, wird wohl ein altes Orchestermitglied gewesen sein. [Anmerkung der Verfasserin.]

ihnen weiter als mit anderen nach Jahren. Freilich idealisiert das Wiener Haus auch den Ton in ganz unglaublicher Weise, während anderswo eine schlechte Akustik alles materialisiert und vergröbert. Aber das Hauptverdienst hat doch das österreichische Musikantentum: der Schwung und die Wärme und große natürliche Veranlagung, die jeder mitbringt."

Trotz der Unzulänglichkeit dieses einmaligen Probierens, bei dem er außer dem Vorspiel nur einiges mit dem Chor durchnehmen und mit den Solisten ein wenig üben konnte, war die Aufführung des gesamten Werkes eine solche, als wäre Mahler wie der heilige Geist-Schöpfer selbst in den „Lohengrin" hineingefahren. Es erhob sich nach dem Vorspiel und nach allen jenen Partien, wo der Unterschied zwischen dem Sonstigen und dem Heutigen am stärksten hervortrat, ein spontaner jubelnder Beifallssturm.

Als Mahler nach der Vorstellung beim Bühnenausgang das Haus verließ, hatten sich eine Menge junger Leute (wahrscheinlich Konservatoristen und dergleichen musikalisches Volk) an der Tür angesammelt; sie umringten ihn, streckten ihm die Hände entgegen und brachten ihm ein enthusiastisches Hoch aus, worüber er sich mehr freute als über alles andere — selbst die einmütig glänzenden Kritiken, die am nächsten Tage erschienen. „Denen ist es ergangen", sagte er, „wie mir in diesem Alter: daß ich mein Verlangen, die Werke, die ich aus der Partitur kannte, in Wahrheit nun erklingen zu hören, fast immer aufs bitterste enttäuscht fand, weil zumeist der geringste Teil von dem herauskommt, was in dem Werke steht. Bekommt man endlich das voll zu hören, ja übersteigt die Wirkung gar die Vorstellung, die man sich davon machen konnte, so kennt die Begeisterung und Dankbarkeit für den, der es einem zugeführt, keine Grenzen."

Anonymer Brief

12. Mai 1897.

Euer Wohlgeboren!
Sehr geehrter Herr Kapellmeister!

Die folgenden Zeilen rühren von Jemandem her, welcher gute Gründe hat, sich nicht zu nennen, vielleicht auch sich nicht nennen kann, da ja Leben, Stellung usw. aus Einem oft machen, was man nicht gern sein möchte. Mindestens ist man oft am Reden gehindert, muß daher also ans Schreiben gehen, noch dazu ans anonyme. Das letztere dürfte aber hier wohl zu entschuldigen sein, da dieser Brief keinen anderen Zweck verfolgt, als Euer Wohlgeboren zum Ausdruck zu bringen, in welcher Freude und Begeisterung nicht bloß einen alten Musikanten und uralten Wagnerianer, sondern jeden im ächtesten Wagner'schen Sinne künstlerischen Menschen Ihr gestriges Dirigieren des „Lohengrin" versetzen mußte. Seit 21—22 Jahren hat der Schreiber dieser Zeilen nahezu zwei Dritteile dieses Werkes nicht mehr gehört, wie unter Ihrer gestrigen Leitung.

Ihre Tempi, Ihre Nuancen und Accente, die waren „Wagnerisch" in des Wortes vollster Bedeutung: So hat's der Meister selbst genommen, so wurde es unter seiner Oberleitung damals gespielt. Leider seitdem nicht wieder.

Z. B. gleich das Vorspiel in der richtigen Langsamkeit; der Chor nach Lohengrin's Abschied vom Schwan in der gestrigen wunderbaren Zartheit, ebenso die zarte Ausführung der Stelle: „Seht, seht, welch seltsam Wunder"; die prächtige Steigerung im Gebet, der Vocalsatz desselben ohne Begleitung und doch rein geblieben, wenn auch von den Sängern gestern noch etwas zaghaft gebracht; ferner im zweiten Aufzuge die Stelle: „In ferner Einsamkeit des Waldes", — welche sonst fast immer verschleppt wird, — das Hervortreten des Lohengrin bei „O Himmel schirme sie vor Gefahren", und „Euch Helden"; im dritten Akte das Vorspiel zu diesem, die wunderbar ausgefeilte Liebesscene und so vieles Andere noch — —: Alles das war hier seit vielen Jahren nicht zu erleben.

„Wagnerisch" fürwahr ist Ihr Dirigieren, da Sie in treuester Weise und ganz im Sinne des Meisters das Tempo zu modi‚fizieren verstehen. Kein Detail geht verloren, ohne daß etwas aus dem Rahmen des Ganzen fällt. Z. B. die fast unmerkliche Ermäßigung im Einleitungs‚Chor des dritten Aufzuges bei der Stelle: „Rauschen des Festes seid nun entronnen."

Herr Kapellmeister werden sich als Kenner der Wagne‚rischen Kunst gewiß auch auf die Schilderung jener Begeben‚heit erinnern, welche der Meister in der Schrift „Über das Dirigieren" erzählt, als er 18 Jahre nach Weber's Tode im Dresdener Hoftheater das erstemal den „Freischütz" dirigierte und hierbei das Adagio im Beginn der Ouvertüre um so viel langsamer nahm, als seine unmittelbaren Vorgänger, da, so erzählt Wagner, „wendete sich ein Veteran aus Webers Zeit, der alte Violoncellist Dotzauer ernsthaft zu mir und sagte: Ja, so hat es Weber auch genommen; ich hörte es jetzt zum erstenmale wieder richtig."

So, wie damals dem alten Dotzauer war gestern dem Schreiber dieses zu Mute. Derselbe hat seit Wagner und Bülow keine Dirigentenleistung von gleicher Bedeutung er‚lebt, als Ihre gestrige.

Nehmen Sie dafür den herzlichsten Dank und die besten Segenswünsche auf alle Ihre ferneren Lebenswege von einem, Sie hochverehrenden

alten Musikanten.

76

Stärke des Orchesters

Neben der Vorbereitung zum „Holländer" war es die „Zauberflöte", welche Mahler in Wien zunächst beschäftigte. Im
Laufe der ersten Orchesterprobe zu dieser kam er — bei
einer zarten Cello-Stelle, wo sie ihm viel zu sehr loslegten
und er trotz wiederholter Mahnrufe sie nicht genug dämpfen
konnte — zu seinem Erstaunen darauf, daß er von einem
so starken Orchester wie zu einer Wagneroper umgeben sei.
Das war hier seit Jahr und Tag nicht anders Brauch gewesen,
wobei der feine Blütenstaub, der über dem Werke liegt,
natürlich verwischt wurde. Mahler gab nun dem halben
Orchester sogleich Vakanz, wofür sie ihn beklatschten und
ihm Bravo zuriefen. „Also ein Erfolg!" sagte er lachend.
„Sie dürfen aber nicht glauben, meine Herren, daß dies etwa
Liebedienerei gegen Sie ist! Sondern nach meiner Überzeugung wird durch ein so großes Orchester der Duft und
Zauber einer Mozartschen Komposition zerstört."

Über den „Freischütz"

Denselben Abend nahm mich Mahler zu einer Aufführung
der „Meistersinger" unter Hans Richter in eine Loge mit.
Nachher sagte er zu mir: „Den ersten Akt, wo ich eine große
Freude an ihm hatte, hat er wie ein Meister dirigiert, den
zweiten wie ein Schulmeister, im dritten aber wie ein Schuster-
meister."

„Wie viele Werke," fuhr er fort, „auch die bekanntesten,
werden vergriffen und verdorben! Du solltest dir einmal
Webers ‚Freischütz' unter mir anhören können, und du würdest ihn nicht wieder erkennen, einfach weil ich gänzlich
andere — und zwar die richtigen! — Tempi nehme, wodurch
man hören würde, was man nie hört. So wird das zweite
Finale immer laut und schnell gemacht, während ich es ganz
langsam und leise nehme, was von herrlicher Wirkung ist:
es muß wie ein Hauch zum Himmel aufsteigen, das stille
Selbstbekenntnis eigener Schuld. Und dann tritt mit großer
Kraft das Gebet erst ein: ein wundervoller Kontrast, der

sonst ganz verloren geht. — Weber ist ja immer so mißver-
standen aufgeführt worden, daß sich das Wiedergegebene
zu dem Gewollten verhielt, wie wenn ein Maler etwa aus
einem Wald an Stelle eines Idylls voll Ruhe und Frieden
eine Parforcejagd oder Wotan mit dem wilden Heer gemacht
hätte.

Werde ich Direktor, so studiere ich den ‚Freischütz‘ neu
ein. Und da würdest du dich wundern! Nicht einer der
Solisten behielte die Rolle, die er hat. Denn da ich mir
immer erst den Menschen und nicht nur die Stimme auf eine
Rolle hin anschaue, würde ich, wenn ich die richtigen Leute
nicht hätte, lieber jede Partie punktieren,*) als sie in falschen
Händen lassen.“

Im Anschluß daran sagte er weiter: „Auf Dekorationen
und Kostüme ginge unter meiner Direktion verteufelt wenig
auf. Ich würde das mißleitete Publikum und seinen verdor-
benen Geschmack schon auf andere Bahn zwingen. Ein
Glück, wenn seiner Phantasie und Vorstellungsgabe wieder
mehr, ja das meiste überlassen bliebe. Ich möchte darin am
liebsten bis auf die Münchener Shakespeare-Bühne zurück-
gehen; dafür sollten sie dann die Sachen bei mir wirklich
zu hören bekommen, was ihnen bis jetzt noch nicht geschehen ist.“

Der musikalische Furor

Eines Abends — es war wundervolles Frühlingswetter —
holte mich Mahler zu einem Prater-Spaziergang ab. Wir
fuhren zur Sophienbrücke und gingen von da weit hinunter
in den „wilden Prater“ mit seinen prächtigen Wiesengründen,
den uralten Waldpartien und träumerischen Auen am Donau-
strand.

Wir waren noch angeregt von der gestrigen „Holländer“-
Aufführung und ich sagte Mahler, daß es mir ganz wunderbar erscheine, wie er Solisten, Chor und Orchester fast ohne

---

*) Durch einen Gast singen lassen.

Proben so umgewandelt und ihnen seinen Stempel aufge‚
drückt habe. „Das macht der Furor," antwortete er, „ohne
den ich mir einen echten Dirigenten nicht vorstellen kann,
— der ihn treibt, mit der ungefügigsten, ja selbst unfähigsten
Masse von Orchester, Chor und Sängern doch herauszu‚
bringen und ihnen abzuringen, was von einem Werke in
ihm lebt. Daher auch meine unbeschreibliche Wut, wenn
sie mir's nicht so machen, wie ich es will, sondern schlecht
und falsch spielen oder singen.

Das hat mich im Leben oft auch vor nahen Verhältnissen
bewahrt. Denn sang ein Frauenzimmer, das mir gefiel, einen
falschen, unmusikalischen Ton, war es im Augenblick aus
mit jeder Empfindung für sie, ja diese verkehrte sich in Haß.
Freilich hat mir's auf der anderen Seite eine schöne Stimme
oder andere Äußerungen eines musikalischen Talents oft genug
angetan. So erinnere ich mich, da ich als kleiner Junge die
Wilt einmal hörte (gesehen habe ich sie von der vierten
Galerie aus wahrscheinlich nicht), daß ich außer mir war und
wahnsinnig verliebt in diese Stimme tagelang umherlief — denn
nur mit Liebe lassen sich diese Empfindungen vergleichen."

Ungleiches Tempo

Eine arge Komplikation seiner Angina, von der Mahler
soeben genesen, schien er sich durch die vorzeitigen Proben
zur „Walküre" zugezogen zu haben. Es bildete sich an Stelle
der kaum entschwundenen Entzündung ein Abszeß, der
schlimmer und quälender war als diese selbst. Damit mußte
er die „Zauberflöte" dirigieren. Zu dieser stand er in der
Tat vom Lager auf, obwohl er besonders elend und tod‚
müde war, kein lautes Wort sprechen konnte und sich so
herabgestimmt fühlte, daß er mit dem Aufstehen — wider
alle Gewohnheit — bis zum letzten Augenblick zögerte. Ich
begleitete ihn im Wagen in die Oper. Kaum aber saß er
am Pult, da sah ich, daß er frisch und lebendig und allen
Elends enthoben schien, so daß mir selbst jede Sorge und
Erregtheit beim Zuhören schwand und ich der entzückenden

Aufführung in ungetrübtem Genuß vom Anfang bis zum Ende folgen konnte.

Auf der Heimfahrt sagte ich ihm, wie wundervoll und verschieden von allen sonstigen Aufführungen diese gewesen sei.

„Hast du es bemerkt?" rief er; „gleich die Ouvertüre nahm ich fast um die Hälfte langsamer als die Herren sonst, und doch wirkt sie schneller so, weil man die Achtel-Bewegung hört:

usw.

während sie sonst ganz verloren geht und man nur zu hören bekommt:

usw."

Das Merkwürdigste aber ist dabei, daß Mahlers Aufführungen, obwohl er jede Kantilene und alles Melodische viel getragener und nie gehetzt macht — wie die andern —, doch gewöhnlich kürzer dauern. (Bei einer Wagner-Oper macht das bisweilen eine halbe Stunde aus!) „Das kommt daher," sagte mir Mahler, „daß die meisten Dirigenten nicht verstehen, das Unbedeutende von dem Bedeutenden zu trennen, das heißt alles mit dem gleichen Gewicht machen, statt über das weniger Sagende leichter hinwegzugehen."

SOMMER 1897

Diese Ferien verbrachten die Freunde (Mahler, seine Schwestern Justi und Emma sowie die Verfasserin) an verschiedenen Orten Tirols (Kitzbühel, Steinach und Gries am Brenner), unternahmen eine Fuß= und Radtour ins Ridnauntal (bei Sterzing) und ließen sich zuletzt in Vahrn (Südtirol) nieder.

Vizedirektor

In die letzten Tage der Ferien, da Mahler und ich gerade auf einer wunderschönen Radtour ins Pustertal ausgeflogen waren, fiel seine Ernennung zum Vizedirektor der Oper. Er mußte Knall und Fall über Trofaiach, wo er Jahn*) auf= suchte, nach Wien. Justi und Emma blieben noch in Vahrn, ich begleitete Mahler nach Toblach.

Naturlaute als Urmusik

Hier sei eines Gespräches gedacht, das ich unter dem 12. Juli in Ridnaun aufgezeichnet habe.

Mahler hat für alle Naturlaute ein sehr feines Ohr und muß auf sie hören, ob er will oder nicht. So der Kuckucks= ruf, der in seiner Ersten Symphonie eine vorlaut=heitere Rolle spielt; so das Geschrei von Pfauen, Hennen und Hähnen. In Steinach am Brenner hat ihn ein unermüdlich in eigen= tümlicher Modulation krähender Hahn schier zur Verzweif= lung gebracht. So auch hat sich ihm vor zwei Jahren in Steinbach das nicht zu bannende Rabengeschrei in den letzten Satz seiner Zweiten Symphonie hineingestohlen.

Darüber sagt er mir: „Wahrscheinlich empfangen wir die Urrhythmen und =themen alle aus der Natur, die sie schon in jedem Tierlaut in großer Prägnanz uns bietet. Wie ja der Mensch und der Künstler im besonderen jeden Stoff und jede Form der Welt, die ihn umgibt, entnimmt, freilich in ganz anderem, erweitertem Sinne. Sei es nun, daß er sich in harmonisch=glücklichem Einklange mit der Natur befindet

*) Direktor der Hofoper.

oder sich zu ihr in schmerzvoll‹leidenden oder feindlich‹
verneinenden Gegensatz stellt, sei es, daß er von überlegener
Warte aus in Humor oder Ironie mit ihr fertig zu werden
sucht: womit die Grundlagen zu dem schön‹erhabenen, senti‹
mentalen und tragischen und humoristisch‹ironischen Kunst‹
stil im engsten Sinne gegeben sind."

SPIELJAHR 1897/1898

„Der Ring des Nibelungen"
August 1897

Ich kam zu den am 25. August beginnenden Abenden
am 24. früh in Wien an und traf Mahler in vollster musi=
kalischer und leider auch infernalisch=direktorialischer Tätig=
keit. Er arbeitet in der Oper von 9 bis 2 und von 6 bis
10 Uhr.

Von künstlerischen Qualen war Mahler in Wien frei, ja
er hatte an dem musikalisch und insbesondere orchestral
Geleisteten zumeist eine große Freude, „wenngleich das Or=
chester mir längst nicht genug tut und ich bei näherem Zu=
sehen auf Unformen und Unzulänglichkeiten in Masse komme.
Diese ewigen Portamenti (Anschwellen des Tons in der Mitte
des Bogens) der Celli sind gräßlich: sie können nicht einen
Ton glatt aushalten! Und statt daß das Piano das Gewöhn=
liche, der Sprechton für sie ist, spielen sie immer forte und
wollen nur manchmal durch ein pianissimo Wirkung erzielen,
daß ich ihnen nicht genug Einhalt tun und abwinken kann.
Und hat ein Streicher ein Solo, so glaubt er, es sei nur dazu
da, daß er sich recht laut hervortue. Auch in der Rhythmik
sind sie verschlampt. Aber das alles werde ich ihnen mit
der Zeit austreiben."

Am Tage der „Rheingold"=Aufführung konnte es Mahler
nicht erwarten, bis es 7 Uhr wurde. Er war erregt und
freute sich — wie ein Kind vor der Weihnacht — auf den
Abend. Es ward auf seine Veranlassung zum erstenmal in
Wien in einem durch, wie es Wagner vorschreibt, gemacht,
so daß es den Hörer keinen Augenblick aus der Spannung
ließ. Überdies kam unter Mahlers Führung das Elementare
dieses naturpoetischen Werkes wie wohl nur unter Wagner
selbst heraus. Dazu hatte er bei der ganzen Tetralogie keine
Orchesterproben gehabt außer zu den geöffneten Strichen.

Daher war es einem auch, als sehe man das Werk vor sich entstehen. Wie ein Bildhauer mit seinen Schlägen den Stein zum Leben erweckt und Form und Gehalt seines Geistes ihm eindrückt, so schien das „Rheingold" sich zu bilden unter Mahlers Streichen. Diese Schöpferarbeit und Schöpfergebärden traten eben darum so hervor, weil er vorher keine Proben hatte. Denn er muß die Leute erst im gegebenen Augenblick mit seinem musikalischen Willen ganz und gar erfüllen und ihn in ihr Werk umsetzen. Und aus seinen Mienen und Gesten lese ich das, was die Ausführenden doch noch schuldig bleiben, sehe und vernehme (mit dem inneren Ohr) das nicht mehr zu Hörende, das aber in jedes Muskels Regung und Bewegung in Mahler selbst zuckt und bebt, dessen ganzes Wesen in Klang und Rhythmik aufgelöst erscheint. Und wie der Takt in jeder Faser seines Körpers, so vibrieren auf seinen Lippen die Töne und Worte, die er fast ununterbrochen den Sängern vorsingt und ‹spricht. Ja, fast zeichnet er ihnen Mienen und Bewegung durch Wink und Bedeuten, so daß nach der „Walküre"‹Vorstellung Frau Sedlmair, die Brünnhilde, zu ihm kam und ihm vor Dank‹ barkeit die Hände küssen wollte; sie gestand, den ganzen Abend nur ihm zu schulden, von dessen Zügen sie jeden Ton und jede Silbe ablesen konnte.

Und doch zehrt wie immer der Kampf mit dem Unzu‹ länglichen an seinem Herzen. Mehr als beim „Rheingold" ward ihm am Tage der „Walküre" Anlaß zu solchem Ärger und Schmerz gegeben. Diesmal erstreckte sich seine Unbe‹ friedigtheit und Wut zum Teil auch auf das Orchester. Aller‹ dings hatte ihm am Vorabende der Konzertmeister versichert, daß hier alles viel fester sitze als im „Rheingold", das so selten gegeben worden war. Aber was saß, war nichts weniger, als wie Mahler es wollte. „Fingerdick lastet der Staub von Schlamperei und Unkorrektheit auf dem Ganzen, weit mehr als beim ‚Rheingold', wo der Rost noch nicht so tief ein‹ gefressen ist!" rief Mahler nachher verzweifelt.

Dazu mußte ihm folgender Vorfall begegnen, der ein

Streiflicht auf die Bummelzustände in der Oper warf. Im letzten Akt kommt ein Paukenwirbel größter Bedeutung. Mahler gibt das Zeichen — der Wirbel bleibt aus, und wie er hinschaut, ist der Paukist fort und ein unfähiger Substitut an seinem Platz, der den Einsatz verfehlt hat. Als Mahler nach der Vorstellung um die Ursache fragt, sagt man ihm, der Paukist wohne in Brunn (einer Bahnstation bei Wien) und habe, um den letzten Zug nicht zu versäumen, wie immer die Oper vor dem Ende verlassen und einem anderen seinen Paukenwirbel überlassen. Mahler war darüber so wütend, daß er befahl, noch um 12 Uhr nachts dem Schuldigen zu telegraphieren (damit er eine schlaflose Nacht habe und sich's für die Zukunft merke): er habe sich morgens mit dem ersten Zug in der Kanzlei bei ihm zu melden. Da las er ihm gehörig den Text. Freilich erfuhr er bei dieser Gelegen= heit auch, daß so ein Orchestermitglied monatlich 63 Gulden Gehalt habe, wovon einer allein, geschweige denn mit Weib und Kind, in Wien nicht leben konnte. Das bestärkte Mahler in seinem Vorhaben, sobald er irgend könne, beim Orchester eine Gehaltsaufbesserung vorzunehmen und dafür lieber an Maschinerien, Kostümen und dergleichen zu sparen.

Trotz solcher Widerstände im Orchester und der Un= zulänglichkeit mancher Sänger war doch das Vorspiel von einer Macht und Größe des Zuges, Prägnanz und Feinheit der Ausgestaltung und einer Zartheit der Empfindung, daß es so bedeutend und ergreifend wohl seit Wagner nicht erklang. Selbst im ersten Akt waren so großartige und hin= reißende Momente, daß Hugo Wolf, der allen Abenden beiwohnte, sagte: „Man bekam hier — wie bei diesem ganzen ‚Ring‘ — zu hören, was man nie gehört und was man schon aufgegeben hatte anders als in der Partitur zu sehen.‘‘

Es tut einem leid, wenn Mahler nach einem solchen Abend statt erfreut tief unglücklich und verstimmt ist, weil das Ganze ihm doch nicht genug tun konnte. „Es ist ein Ver= hängnis,‘‘ rief er in dieser Stimmung, „daß die größten Kom=

ponisten ihre Werke für diese Sau-Anstalt von Theater schreiben mußten, die ihrer Art nach jede Vollkommenheit ausschließt."

Mehr Freude und nicht so viel Entgegenwirkendes zu überwinden hatte Mahler im „Siegfried". Der zweite Akt, besonders das Waldweben, war von einem Naturzauber, den man atmen und spüren mußte, der sich unmöglich schildern läßt. Von überweltlicher Stimmung und Größe und von einem wahrhaft göttlichen Sonnenglanz erfüllt war die Ein-leitung zur Erweckung Brünnhildes. War die Liebesszene aller Liebesszenen doch endlich auch von dem Strich befreit, durch den sie bisher bei uns vergewaltigt worden war. Mahler sprach mit mir zum voraus davon: „Diese Aus-lassung wäre so schändlicher Art, daß Brünnhilde dadurch als Hure erschiene, die erst einen Moment dem Andringen Siegfrieds wehrt, um sich im nächsten Augenblick ihm an den Hals zu werfen. Der ganze Übergang, wo sie ihm be-greiflich macht, was sie aufgibt, und alle Zwischenglieder bis zur höchsten Steigerung haben gefehlt!"

Mit der Wiederherstellung der Brünnhilde-Waltrauten-szene gewann am nächsten Abend der erste Akt der „Götter-dämmerung" ungemein. Auf die Nornenszene mußte Mahler diesmal leider noch verzichten, weil er die nötigen Kräfte dazu noch nicht hatte; das nächste Mal aber wird er sie schon bringen.

Der Erfolg dieser Abende war für Mahler außerordentlich. Sein Name wurde jedesmal am Schluß unter donnerndem Beifall gerufen. Auch seine „Leibgarde" von Konservatoristen und andern jungen Musikanten hatte sich in wachsender Zahl wieder am Bühnenausgang eingefunden, wo sie uner-müdlich warteten, bis er nach der Vorstellung herauskam, um ihn mit erneuten Hochrufen zu empfangen.

„Dalibor"

Bei meiner Ankunft in Wien (Anfangs Oktober 1897) traf ich Mahler im vollen Vorbereiten und Proben seiner ersten hiesigen Novität, Smetanas „Dalibor". Er hat von A bis Z alles dazu getan: Dekorationen, Kostüme und Beleuchtung ausgewählt und angegeben — von der schauspielerischen, musikalischen und selbst kompositorischen Arbeit nicht zu reden. In letzterer Hinsicht hat er den Schluß abgeändert und mit der Befreiung Dalibors und dem Tode Miladas enden und durch etwa 20 Takte, die er dazu komponierte, das Werk ergreifend ausklingen lassen (statt des durch den Text verschuldeten unharmonischen Abschlusses mit Dalibors Abgang zum Tode).

Aber auch in jedem Punkte der Auf- und Ausführung habe ich etwas ähnlich Vollkommenes auf der Bühne vielleicht noch nie gesehen. Während früher die Klage über schlechte Besetzung und das unzureichende Personal nicht aufhörte, taugten nun alle vortrefflich. In „Dalibor" war jeder so famos und überzeugend an seinem Platze, daß man manchen gegen sonst nicht wiedererkannte: meisterhaft alle Chöre, die nicht mehr, unbeteiligt an Vorgang und Handlung, steif und ohne Zusammenhang abseits stehen, sondern als integrierender Bestandteil des Ganzen betrachtend und mithandelnd eine wichtige Rolle darin spielen.

Nun erst die Leistung des Orchesters, das diesmal von allem Anfang an unter Mahlers Händen, ohne Kampf und Kraftaufwand und fortwährenden „Zorn" von seiner Seite, sein Bestes hergab. Mahler hatte viele Zeichen verschärft, ja verändert, die Instrumentation da und dort nachgebessert. Nie brachte, wie mir Rosé neulich sagte, ein noch so vortrefflicher Dirigent neben den großen Umrissen auch alle zartesten, feinsten und innerlichsten Züge einer Partitur zu so vollkommenem Ausdruck.

Auf diese Weise hat Mahler dem „Dalibor", der sich sonst nirgends recht durchsetzen und behaupten konnte, nicht nur zu einer glänzenden ersten Aufführung, sondern zu einem echten Erfolg verholfen.

Im Anschluß an die Aufführung sagte mir Mahler noch: „Erinnerst du dich an den Schluß des zweiten Aktes, wo

Milada den Gefangenen verläßt, was ich so inszeniert habe, daß in demselben Augenblick, da sie mit der Fackel verschwand, die Nacht hereinbricht? Mit ihr, der Geliebten, schwindet jedes Licht. Das kommt in der Musik herrlich zum Ausdruck durch die heftigen Akkorde, die auf die weiche, innige Melodie des Liebesduetts mit einem Schlag hereinbrechen. Als ich zuerst die Partitur an dieser Stelle sah, konnte ich mich mit dem plötzlichen heftigen Gegensatz nicht befreunden, der meinem musikalischen Bedürfnis nicht entsprach. Ich änderte die Stelle sogar in meinem Sinne. Wie ich sie aber das erstemal mit der Szene probierte, ging mir augenblicklich die volle Wahrheit, ja einzige Möglichkeit dieser Tonsetzung auf, die ich sofort wiederherstellte und die zum Wirksamsten gehört, was die Oper enthält. Es ist dies ein eklatantes Beispiel für den Unterschied zwischen dramatischer und der reinen Musik."

Ernennung zum Direktor

Am Abend des 9. Oktober holte ich Mahler nach „Zar und Zimmermann" unter den Arkaden der Oper ab. „Meine Ernennung ist erfolgt!" rief er mir entgegen.

In der ersten Vorstellung (des „Dalibor") nach der Ernennung wollte das Publikum Mahler Ovationen bereiten; er aber ließ es in seiner Scheu vor allen solchen Szenen nicht dazu kommen: erschien blitzartig schnell und erhob schon den Taktstock, ehe er noch recht am Pulte saß. Und in der Pause zwischen der Ouvertüre und dem Aufgehen des Vorhanges hielt er die Arme zum Weitertaktieren erhoben, daß kein Augenblick zur Fortsetzung des ausbrechenden Applauses blieb. Ebenso erschien er trotz „Mahler"=Geschreies und frenetischen Beifalls zum Schlusse nicht auf der Bühne (wie er es ja nach keiner Novität tat).

Die Blätter der Stadt und von auswärts waren Mahlers und seines Lobes voll (sogar die antisemitischen konnten ihm nichts antun, als daß sie seine Ernennung 24 Stunden lang verschwiegen.)

Das Gehalt, welches Mahler für diese Anstellung (die keine kontraktliche, sondern die eines lebenslänglichen Beamten war) unter verschiedenen Titeln erhielt, betrug 12000 Gulden nebst einer Remuneration von 1000 Gulden. Weit wertvoller als diese hohe Gage aber war für ihn eine Pension von 3000 Gulden, die er in dem Augenblick zu erhalten hatte, da er den Posten verläßt. — Damit war er der pekuniären Sorge enthoben, die ihn bei der Unsicherheit und Veränderlichkeit seines Lebens bis dahin sehr gequält hatte, und, was am schwersten ins Gewicht fiel: es lag immer der Ausweg und die Hoffnung vor ihm, endlich zu gehen und zu sich selbst und seinem eigenen Schaffen zurückkehren zu können.

Indessen wechselte die Freude und Genugtuung über das Erreichte und das innerhalb des gegebenen Rahmens zu Leistende mit dem tiefsten Unmut und Schmerz über dieses aufreibende Leben bei ihm fortwährend ab. So sagte er oft in Verzweiflung: „Du wirst sehen, ich halte diesen greulichen Zustand nicht einmal so lange aus, daß ich die Pension anständigerweise annehmen kann. Am liebsten möchte ich gleich auf und davon gehen. Ja, wenn das ein Absehen hätte; wenn ich in der Art von Bayreuth eine Anzahl (meinetwegen eine zehnfach größere) von Werken tadellos einstudieren und als wahre Festspiele hinstellen könnte, wie freudig würde ich das leisten! Aber bei der Einrichtung unseres Theaters, wo täglich gespielt werden muß, wo ich der ärgsten Verlotterung und tief eingewurzelten Fehlern auf Schritt und Tritt bei dem ganzen Körper, mit dem ich's zu tun habe, begegne, und oft erst im Momente der Aufführung und im ärgsten Kampfe alles umstürzen und neu aufbauen muß; wo ich ein Repertoire habe, welches das Gemeine neben dem Höchsten enthält; wo die Stumpfheit und Beschränktheit von Ausführenden und Aufnehmenden mir meist wie eine Wand entgegensteht: da ist es eine Sisyphusarbeit, die ich leisten soll, die meine besten Kräfte, ja mein Leben aufzehren, aber zu keinem Ziel und Gelingen führen kann! Und daß ich vor tausenderlei Sorgen nie mir selbst angehöre, ist das Ärgste dran."

Als ich einmal in Mahler drang, doch etwas für die Auf≠ führung seiner Symphonien zu tun, lehnte er es ab: „Es ist mir das im Augenblick gleichgültig, ob ich ein paar Jahre früher oder später mit meinen Werken durchdringe; ich selbst bin mir in dieser Zeit so fremd, und oft scheint mir, daß ich es gar nicht selber bin."

Ein gelungener Abend, das Zustandekommen einer meister≠ haften Aufführung, die Fortschritte des Orchesters und die außerordentliche Mühe, die sich alle in der Oper gaben, ihn zu befriedigen; der Umstand, daß er wie noch nie in seinem Leben aus dem Vollen schaffen konnte und wie vielleicht auf keiner anderen Bühne der Welt ihm alles in größtem Reichtum zu Gebote stand; daß er so gut wie niemand Rechenschaft abzulegen hatte über das, was er tat: das alles hob ihn dann wieder über Schmerz und Ärger hinaus.

Und es bereitete ihm die ungemeine Zustimmung und Bewunderung, die man ihm von allen Seiten entgegenbrachte, doch auch Vergnügen. Und über das Märchenhafte seiner Stellung konnte er sich in solchen Augenblicken freuen, ja nicht genug wundern. Einmal, als wir eben an der Oper vorbeigingen, sagte er: „Daß ich da als Haupt und König herrsche, ist doch wie ein Traum!"

„Zauberflöte"

Nachdem von „Zar und Zimmermann" eine entzückende Neuaufführung gebracht worden ist, wird jetzt die „Zauber≠ flöte" großenteils neu einstudiert. Mahler sagte mir darüber, er sei bemüht, das Märchenhafte darin so viel als möglich herauszubringen. So werde er bei der Flötenarie Taminos, nach Art des Orpheus und Arion, alles mögliche Getier herbeikommen lassen. Und ein paar Tage später, aus der Probe kommend, erzählte er mir: „Es geht schon herrlich mit meinen Tieren! Ich habe auch jedem Statisten vor≠

gemacht, was er zu tun hat. Das wird ungemein putzig und humoristisch wirken. Da lasse ich zuerst einen Löwen, gefolgt von seinem Weibchen, erscheinen, die sich einträchtig nebeneinander niederlegen; dann guckt ein Tiger aus dem Busch und tritt langsam, horchend hervor; Vögel kommen angeflogen, ein Hase hüpft daher, spitzt die Ohren (wie ich das mache, ist mein Geheimnis!) und lauscht. Nun ringelt sich eine riesige Schlange heran und am Ende wälzt ein Krokodil sich aus dem Nil herauf. Du kannst dir denken, wie naiv sich das macht, wenn Tamino nun klagt, daß alle kommen, nur seine Pamina nicht. Im Augenblick aber, da das Piccolo Papagenos ertönt, ist die ganze Gesellschaft auf und davon. — Die Leute werden das hoffentlich verstehen und nicht etwa einen Verstoß gegen den „klassischen" Mozart darin erblicken! Ich bringe ja nichts zum Ausdruck, als was im Text steht, und habe die greuliche Langeweile der Inszenierung in Leben verwandelt.

Dazu tragen auch die drei Knaben bei, die sonst immer steif und fade auf die Bühne traten, während ich sie jetzt im geflügelten, von Tauben gezogenen Wagen durch die Luft herabschweben lasse. Dagegen sträubte sich zuerst das eine der Mädchen wegen Schwindels; da sie keine besondere Sängerin ist, nahm ich ihr sogleich die Rolle weg und ließ sie einer andern zuteilen. Nun weinte sie aber so lange, daß sie mir leid tat und ich ihr die Partie wieder gab, unter der Bedingung des Schwebens natürlich. Und jetzt segeln sie schon alle drei keck wie Luftschiffer in den höchsten Regionen herum."

Auch den Text, der abgeschliffen und „salonisiert" worden war, hat Mahler ganz in seiner ursprünglichen Derbheit und Naivität wieder hergestellt. Die Stelle: „Kommt, laßt uns auf die Seite gehn, damit wir, was sie machen, sehn!" die er, ohne daß ihm dabei etwas aufgefallen wäre, wieder aufgenommen hatte, erregte bei der ersten Probe Lachsalven bei Sängern und Musikern. Und Wlassack meinte zu Mahler, das sei zu stark, man könne es nicht stehen lassen. Der aber erwiderte, das Publikum und die ganze „geleckte" und verbildete Gesellschaft solle sich zur Einfachheit und Nai‹ vität nur wieder ein wenig zurückgewöhnen. —

Der Erfolg der solcherart neu ins Leben gerufenen „Zauber‹ flöte" war außerordentlich. Alles drängte sich in die Vor‹ stellung dieses entzückenden Werkes, bei dessen kammer‹ musikartig ausgearbeiteter und wahrhaft hinreißender Or‹ chesterleistung im Verein mit der ungeahnten Bühnenwirkung die ältesten und strengsten „Mozartianer" im siebenten Himmel schwebten. Die ungestümste Heiterkeit und minutenlange Lachausbrüche auf den Galerien erregten Mahlers Tiere, zu seiner eigenen kindlichen Freude.

Von Verbesserungen, die noch auf später verschoben werden mußten, erwähnte Mahler die Knaben, als von wirk‹ lichen Knaben (nicht Sängerinnen) gesungen, und vor allem eine ganz andere Königin der Nacht. „Das muß eine Ge‹ stalt von überlebensgroßer Bildung sein (wie die Mildenburg sie mir mitbringen wird), diese Riesengöttermutter, welche alle Personen des Stückes in ihrem nächtlichen Schoße bergen könnte. Sie muß auch im wehenden schwarzen Mantel, mit aufgelöstem Haar aus der Nacht herniederfahren bei ihrem Erscheinen — nicht aus einer Grotte heraustreten, wie es bisher geschieht."

Die Claque

In allem und jedem, im kleinen und großen ist die Oper durch Mahler in den paar Monaten, welche er am Werke ist, wie umgewandelt und von einem Zustand des Verfalls ins blühendste Gedeihen und Wachstum versetzt. Und durch die täglich vollen — wenn er dirigiert, ausverkauften — Häuser hat er es schon dahin gebracht, daß das Defizit aufgehört, ja sich in ein ordentliches Plus verwandelt hat.

Eine von den Reformen, die Mahler durchgesetzt hat, ist die Beseitigung der Claque, deren klatschendes Unwesen oft die abscheulichsten Störungen verursacht hatte. Dazu be‹ deutete diese Schandeinrichtung für die Sänger eine lästige

Abgabe, die sich für den einzelnen im Monat bis zu einer ziemlichen Höhe belief. Jetzt nahm Mahler ihnen allen das ehrenwörtliche Versprechen ab, von einem bestimmten Tage an der Claque zu entsagen, nachdem er in einem Briefe, der auch in den Zeitungen veröffentlicht wurde, ihnen die Un‹ würdigkeit dieser die Künstler wie das ganze Institut dis‹ kreditierenden Einrichtung auseinandergesetzt hatte. Das Ehrenwort wurde gegeben und ohne Unruhen und Störungen (für den Fall einer zischenden Claque‹Rache waren einige Detektivs auf der vierten Galerie bereit gestellt) nahm die neue Ära ihren Anfang. In kurzer Zeit folgte das Raimund‹ theater dem Beispiel der Oper.

„Herr der Verhältnisse"

Mahlers Verspätungs‹Verbot*) begegnete einem heftigen Für und Wider in allen Blättern und Zirkeln der Gesell‹ schaft. Doch setzte es sich ohne befürchtete und vom geg‹ nerischen Lager prophezeite Skandale und Störungen durch.

Aber auch ohne alle Verordnungen hat sich Mahler sein Publikum schon wunderbar diszipliniert: durch das Gewicht seiner Person, den heiligen Ernst und die Strenge, die er in seinem ganzen Auftreten und Vorgehen, die souveräne Meister‹ schaft, die er in jeder seiner Leistungen an den Tag legt.

Wenn er dirigiert, ist die Haltung des ganzen Publikums eine andere. Die Leute kommen auch in die Logen, wo es nicht Gebot ist, weit mehr zur Zeit. Erscheint oder geht einmal im Parterre einer nach Anfang oder vor Schluß und Mahler merkt es, so dreht er sich ganz um nach ihm und durchbohrt ihn mit wütenden Blicken. Und obwohl das Theater dreimal so stark besucht ist als sonst, vollzieht sich alles in militärischer Ordnung.

Das fühlen sie auch alle, wie sich Mahler zum absoluten

---

*) Verbot des Eintritts in die Oper für zu spät Kommende. Zunächst erstreckt es sich für alle Opern auf die Ouvertüre, bei Wagner‹Opern aber auf die Dauer des Vorspiels und des ersten Aktes, wo sie in einem sind, desgleichen auf jeden weiteren Akt. [Anm. d. V.]

Herrscher seines Reiches gemacht hat. Sogar der Kaiser sagte ihm neulich, als Mahler bei ihm zur Audienz war: „Sie sind ja in kürzester Zeit Herr aller Verhältnisse im Opernhause geworden!" Und Fürst Liechtenstein *) ist entzückt von Mahlers Energie und dem Erfolg, mit dem er alles anpackt. „Sie sind ja ein Succeß!" rief er ihm bei Mahlers Besuche unlängst entgegen. „Ganz Wien spricht und ist voll von Ihren Taten. Selbst die. Ältesten und Rückschrittlichsten sagen: ‚Es geht jetzt in der Oper immer etwas vor, man mag damit einverstanden sein oder nicht'."

„Der fliegende Holländer"
Aufführung am 4. Dezember 1897

Gestern fand, neu einstudiert und inszeniert, eine prachtvolle „Holländer"=Aufführung statt. Mahler sagte mir vorher davon: „Ich hatte mir keine Neueinstudierung, sondern nur die Verbesserung von einigen zu argen Mißständen vorgenommen und geriet nun, als ich daran ging, von einem zum andern, da es immer nicht möglich war, Halt zu machen. Ich sah mich gezwungen, die Partien, welche elend besetzt waren, neu zu vergeben, die letzten Striche aufzumachen, eine greuliche Inszenierung, Kostümierung und Illuminierung, wenigstens soweit es sich mit den bescheidensten Mitteln an Geld und Zeit richten ließ, vom Unnatürlichen ins Natürlich=Glaubhafte und Charakteristische zu verwandeln." Und bei seinem außerordentlichen Regisseurtalent gelangen Mahler da im Handumdrehen die überraschendsten szenischen Wirkungen. Gespenstisch war der Holländer im dritten Akt, wo im festlich=lustigen Aufzug die Fischermädchen mit ihren Körben voll Proviant kommen, sie der Besatzung des Holländers zu bringen, die aber spurlos in ihr Schiff versunken scheint und auf den Zuruf der Mädels und der fröhlichen Mannschaft des gegenüber liegenden Dalandschen Seglers in regungslosem, gespenstischem Schweigen verharrt.

---

*) Obersthofmeister.

94

Wie dann nach vergeblichen Versuchen („Sie trinken nicht, sie singen nicht; in ihrem Schiffe brennt kein Licht") das verwunderte Matrosenvölkchen sich selbst an Wein und Speise gütlich tut und ein Tanz voll köstlicher Derbheit und Rhythmik sich da entfesselt, der so Mahlerisch musiziert und szenisch interpretiert war, daß ich auf tausend Schritte seine Regie erkannt hätte!

Meisterhaft waren die Matrosenchöre, und die kleine Partie des Steuermannes wurde mit hinreißender Frische gesungen.

Was aber soll man von dem orchestralen Teile sagen? Er war von höchstem Schwung und Leben, von wahrhaft elementarer Kraft und zugleich zartester Innerlichkeit. Gleich das Vorspiel wie das Folgende „roch wirklich nach Seeluft", wie sich Mahler über die geniale Erfindung dieser Wagner-Schöpfung einmal ausdrückte.

Leider hatte Mahler bei dieser herrlichen Aufführung im zweiten Akt einen großen Ärger, der zu einer heftigen Auseinandersetzung mit Winkelmann im Zwischenakt führte. Es applaudierten dessen Anhänger (die einen eigenen Verein bilden, in dem sich auch Winkelmanns Sohn befindet) wieder mitten hinein, noch dazu an einer ganz unbedeutenden Stelle, nach dem Abgang des Erik. „Da führe ich das ganze Werk vom ersten Ton an als eine kolossale Vorbereitung zum Erscheinen des Holländers hin und diese Lausbuben machen mir's mit einem Schlag zuschanden, reißen mich und das Publikum aus dem ganzen Zauber heraus, daß ich wieder von vorne anfangen kann! In der unbeschreiblichen Wut, die mich ergriff, hätte ich Winkelmann, der dieses schamlose Treiben zuläßt, ja unterstützt, fast verprügelt; ein solcher Tanz ist ihm gewiß in seinem Leben noch nicht aufgeführt worden."

Vom Taktieren

Statt daß das Dirigieren, sagte mir Mahler, ein fortwährendes Eliminieren des Taktes ist, der (wie das Stoffnetz eines Gobelins unter den Linien der Zeichnung) hinter den melodischen und rhythmischen Gehalt zurücktreten muß, wird bei den vierschrötigen Durchschnittsdirigenten jeder Taktstrich wie eine Barriere genommen und die Taktteile ohne Unter‹ schied skandiert wie die Versfüße von einem schlechten Schau‹ spieler.

Bei Mahlers Dirigieren ist es oft gar nicht zu entdecken, welchen Takt er schlägt; er hebt nur das Wichtige, was die Melodie und den Rhythmus, den musikalischen Inhalt in jedem Augenblick ausmacht, mit seinen Streichen hervor. Über das Eins gleitet er daher oft ganz hinweg und bringt in der Folge der Taktteile dafür das Zwei und Drei, oder worauf gerade das Gewicht fallen soll. Eine solche Art des Taktgebens stellt an die Aufmerksamkeit der Spieler natür‹ lich ganz andere Anforderungen als die regelrecht geschla‹ genen „Takt‹Eselsbrücken" der Alltagsdirigenten. „Sie müssen selbst mitproduzieren, statt gedankenlos nur einem andern zu folgen und sich auf ihn zu verlassen; und wer da unauf‹ merksam wäre, der ist verloren", sagte Mahler. „Was den Leuten das Spielen unter mir noch erschwert und worüber sie sich beklagen, ist, daß ich es nicht zustande bringe, oft nacheinander dieselben Tempi zu nehmen. Ich hielte es vor Langeweile nicht aus, ein Werk stets in demselben ausge‹ fahrenen Geleise zu führen. Den guten Einfluß hat es aber auf Sänger und Musiker, daß sie dabei nicht lax und faul werden können, sondern immer auf dem qui vive sein müssen."

Wer hat, dem wird gegeben
Sylvester 1897

Als beglückende Neuigkeit teilte mir Mahler mit, daß durch Vermittlung Guido Adlers seine beiden noch unge‹ druckten Symphonien, die Erste und die Dritte, sowie die Klavierauszüge und das Stimmenmaterial aller drei bei Eberle in Wien gedruckt werden*). Damit ist ihm endlich die

---

*) Adler hat auch von der Prager „Gesellschaft zur Förderung deut‹ scher Wissenschaft, Kunst und Literatur in Böhmen" einen Zuschuß von 3000 Gulden zu den Druckkosten erwirkt. [Anm. d. V.]

Sorge um Aufbewahrung und Erhaltung dieser Werke vom Herzen genommen und überdies die Möglichkeit zu ihrer Verbreitung und Aufführung gegeben, welche bisher — abgesehen von allem andern — schon daran scheiterte, daß Mahler nur zwei Exemplare (Original und Kopie) besaß, die er nicht zugleich aus den Händen zu geben wagte. Nachdem er jahrelang die größten Anstrengungen gemacht, dies zu erreichen, und dabei immer nur bittere Erfahrungen und Enttäuschungen erlebt hat, geht ihm nun sein Wunsch fast ohne sein Zutun in Erfüllung.

„So ist es ja immer," sagte Mahler; „wer hat, dem wird gegeben, und dem Armen wird das Wenige, was er hat, noch genommen."

In der Direktionsloge
30. Jänner 1898

Die gestrige „Don Juan"-Aufführung — Lilli Lehmann gastierte als Donna Anna — wäre bei einem Haar an der Erkrankung der Donna Elvira (Mora) gescheitert. Mahler aber gelang es — unter tausend Schwierigkeiten —, einen Ersatz für sie in der Person einer in Wien wohnenden ehemaligen Dresdener Opernsängerin zu finden. Er erzwang unter ihrem eigenen Zagen und dem Widerstreben des Dirigenten und der Mitsingenden ihr Einspringen und setzte so die Vorstellung durch.

Nina Spiegler*), die mit Justi bei Mahler in der Direktionsloge gesessen hatte, entwarf mir nachher ein köstliches Bild von Mahlers Zuhören, Mitleiden und Mitarbeiten während der Vorstellung. Nicht nur, daß er bei jeder falschen Note auffährt und fast die Fraisen bekommt, es entgeht ihm kein noch so kleiner szenischer oder darstellerischer Mißgriff auf der Bühne. Alle Augenblicke springt er vom Stuhl auf, stürzt zum Telephon, das seine Loge mit der Bühne in Verbindung setzt, und Nina hört ihn Gaul, den Theatermaler,

---

*) Zu Mahlers intimstem Freundeskreis gehörig.

anrufen: „Was hat denn Dippel (Don Ottavio) für ein Ko=
stüm? Das ist der reine Leichendiener! So sieht doch ein
spanischer Grande nicht aus!" Beim Menuett in dem zweiten
Akt, das eine kleine Kapelle auf der Bühne spielt, läuft Mahler
wieder zum Rohr: „Was fällt dem Bratschisten ein, mit einem
Zwicker zu erscheinen? Eine Brille, wenn er schlecht sieht,
ja; aber keinen Zwicker!"

Und zu Nina sagte er: „Wenn ich das durchlasse, kommen
sie mir das nächste Mal mit Monocles zum ‚Fidelio' auf die
Bühne!" — Gleich darauf setzt ihn das falsche Spielen eines
Bläsers in Wut: „Wer ist der Klarinettist im Bühnenorchester?"
Und als er den Namen erfährt, befiehlt er dem Regisseur
telephonisch: „Er soll morgen um 10 Uhr bei mir in der
Kanzlei sein." — Bei der Friedhofszene donnert Mahler hin=
unter: „Gaul! Ist das ein Steinbild? Der sieht aus wie von
Pappe, aber niemals steinern. Und elend ist ihm das Ge=
sicht geschminkt. Das darf mir nicht wieder vorkommen!"
Zu Anfang der letzten Szene, wo beginnendes Gewitter das
donnernde Zusammenkrachen des Saales am Schluß vorbe=
reiten soll, schreit Mahler durchs Rohr: „Das blitzt ja im
Zimmer, statt draußen! Ist der Beleuchter toll geworden?"
— Zuletzt, als schon die höllischen Dämpfe aufsteigen, will's
noch das Unglück, daß Reichmann, zwischen diesen umher=
irrend, seinen Versenkungsplatz nicht finden kann, wodurch
er in den Rayon der herabzustürzenden Dekorationen gerät,
die der Maschinist, um ihn nicht zu gefährden, nicht stürzen
lassen kann, so daß eine lange Frist entsteht, in der Richter
seinen letzten Akkord verzweifelt endlos aushalten muß und
das ganze Publikum in erwartendem Staunen gehalten wird,
was denn da kommen soll. Da brüllt Mahler, der so wenig
wie die andern den Grund der Verzögerung kennt, telephonisch
hinunter: „Himmel, Heiden, wird denn die Bühne noch nicht
zusammenstürzen?!" — bis der letzte Krach und Sturz end=
lich erfolgt.

Falsche Tempi
„Eroica"

Mahler hat uns abends nach dem Theater (wozu er sich selten herbeiläßt) vormusiziert und gezeigt, wie die Tempi in allen möglichen Werken, seien es nun Opern, Symphonien oder Oratorien, vergriffen werden. Er gab uns aus Mozart, Wagner und dem „Fidelio" Beispiele der auffallendsten Art, wo überall der Komponist in das Prokrustesbett der platten Interpretation gezwängt und das Werk dadurch — wie dann noch unter der schlechten Ausführung durch Sänger und Instrumentalisten — bis zur Unkenntlichkeit entstellt wird. „Das Schlimmste ist," sagte Mahler, „daß eine solche Reproduktion, weil sie an der Oberfläche liegt, zur Tradition wird. Und wenn dann einer kommt, der den erloschenen Funken in dem Werke wieder zur lebendigen Flamme erweckt, wird er als Ketzer und Neuerer verschrien. So ist es Richard Wagner ergangen, und wo ich noch — außer der Oper, auf die ich approbiert und geeicht bin — mich als Dirigent habe vernehmen lassen, wurde ich mit Schimpf und Schande bedeckt."

Von den Beispielen, die er uns gab, sei nur der Anfang des letzten Satzes der „Eroica" angeführt, „der immer verfehlt gemacht wird":

Mahler sang die Stelle, wie die schlechten Dirigenten sie nehmen, und sagte: „Das fassen die Leute als Thema auf (nach dem vorhergehenden stürmischen Anfang!) und bringen es viel zu schnell, statt zu begreifen: Beethoven versucht nachdenklich — scherzhaft — lernt gehen — kommt allmählich hinein. Daher soll dies letztere — wie eine Antwort — etwas rascher folgen. Darauf, als auf dem Untergrund, der begleitend und geleitend durch das ganze Stück geht, entfalten sich singend und klingend die Themen, die nichts weniger als rasch heruntergespielt werden dürfen."

Dann führte uns Mahler den zweiten Satz bis ins Mark und Bein erschütternd vor, daß man die Leichenfeier des Heros Schritt vor Schritt anschaulich, in ihrer ganzen Wucht und Tragik, an sich vorbeiziehen sah.

Von Tempo und Naturgefühl

„Wie tief das musikalisch-künstlerische Niveau dieser Kapell-meister steht, sollte man nicht für möglich halten. Meist sind sie nur bestrebt, den Leuten den Takt einzubleuen, wobei die Phrasierung, die ihnen überhaupt ein Buch mit sieben Siegeln ist, und vollends die Deklamation ganz verloren gehen. Darum vergreifen sie auch die Tempi so, weil ihnen von dem, was diese lebendig und wechselnd gestaltend erfüllt, noch kein Schimmer aufgedämmert ist. Dazu ist es bei der gesanglich-dramatischen Musik immer noch leichter, da Wort und Handlung einen Anhaltspunkt für die Auffassung geben, wogegen bei der reinen orchestralen Musik der Stupidität und Ignoranz, im besten Fall dem Subjektivismus Tür und Tor geöffnet sind.

Mit dem ‚Musiker‘ (d. i. Handwerker) ist aber nicht ge-dient, wenn er alles Technische, wozu auch Taktfestigkeit gehört, noch so gut beherrscht. Es gehört ein voller und hochstehender Mensch dazu, der nachdenken, vor allem nachempfinden kann, was der Komponist dachte und emp-fand, als er sein Werk schuf. Zum Beispiel die ‚Pastoral-Symphonie‘ zu erfassen, bedarf es des Naturgefühls, das — unglaublicherweise! — fast allen mangelt. Gleich beim ersten Satz: ‚Erwachen heiterer Empfindungen bei der Ankunft auf dem Lande‘ muß man wissen, wie naiv das Beethoven ge-meint hat: was in seiner Seele vorging, wenn er die freien Lüfte spürte, die Sonne und den offenen Himmel schaute und Wald und Wiese ihn umfing. Dann ‚Szene am Bach‘: Die trifft keiner. Entweder machen sie sie zu schnell, wenn sie vier Viertel schlagen, oder sie zählen die zwölf Achtel aus, dann wird das Tempo viel zu langsam. Meist geschieht das erstere, und das verschuldet der Scherz, den sich Beet-

hoven am Schlusse gemacht hat: Regen fällt ein und die Ge-
nießenden laufen nach Hause, natürlich im eiligen Tempo,
das Beethoven hier acceleriert. Das hat die Schwachköpfe
verführt, den ganzen Satz schneller zu nehmen, indes er, im
wirkungsvollen Gegensatz zu eben diesem Abschluß, so
ruhig hingleiten muß wie ein Bächlein, das mit dem gleichmäßig fließenden Strom seiner Begleitung (der gar nicht
einförmig genug sein kann) das Zeitmaß angibt:

(Mahler singt es.)
Auf diesem gleichmäßigen Untergrund erhebt sich nun
ein allerfreiestes und schönstes Musizieren, das den Leuten
zu lang, ja langweilig erscheint, weil sie in ihrer Geist- und
Empfindungslosigkeit mit diesem Satz nichts anzufangen
wissen. Dagegen schwöre ich euch, wenn ihr es unter mir
hört, wie es gemeint ist, wird euch kein Takt zu viel erscheinen, ja ihr werdet bedauern, wenn der letzte ver-
klungen ist.
Der ‚Pastorale‘ konnte auch Bülow nicht beikommen, der
ja turmhoch über den Dutzenddirigenten stand, schon ver-
möge seiner hohen Intelligenz, mit der er sich über alles
Rechenschaft ablegte. Aber damit kommt man nicht aus, und
an echtester, unmittelbarer Empfindung fehlte es ihm, was
ich einmal verzweifelt bei dieser Symphonie erfuhr. Es erschien mir damals unbegreiflich. Nachher aber ging mir ein
Licht darüber auf, als ich an einem herrlichen Tag einmal
in Gesellschaft neben Bülows Frau spazieren ging und zu
ihr sagte, ihr Mann müsse gewiß auch die Natur über alles
lieben und seine schönste Zeit in ihr erleben. ‚Nein, sehen
Sie, das ist merkwürdig,‘ erwiderte sie, ‚er hat kein Verhältnis zur Natur und sucht sie auch aus eigenem Antrieb
nie auf.‘
Jetzt begriff ich, daß ein solcher die ‚Pastoral-Symphonie‘
(und auch manches andere) nicht machen konnte!“

Unmut

„Wie mich diese Operndirektion, trotz der massenhaften Geschäfte, schon langweilt, stellst du dir gar nicht vor. Mag sein, weil mir das alles nicht die geringste Schwierigkeit macht und ich die ganze Hofoper auf meiner Fingerspitze tanzen lasse. Und so habe ich auch nicht ein Fünkchen Befriedigung davon, die ich, wenn ich wirklich arbeiten und komponieren kann, in so hohem Maße empfinde. Es ist mir, wie wenn ein Kaufmann, der für sein eigenes Geschäft auf Reisen geht, nebenbei auch fremde Geschäfte zu betreiben hätte — nur daß bei mir die fremden zur Hauptaufgabe werden mußten und für die Arbeit, mit der mich der Herrgott betraut hat, mir keine Zeit und Möglichkeit mehr bleibt."

„Wie widerwärtig es mir nur ist, so im Glanze zu leben! Und wie die Leute einen bewundern und vor einem kriechen! Ich möchte ihnen so gerne sagen, was für ein elend-bescheidenes Gefühl ich habe und wie ich auf meinem Platze hier nichts wünsche, als meine Pflicht zu tun."

Verkehr mit den Vorgesetzten

Bezeichnend und köstlich ist, wie wenig sich Mahler von seinen „Vorgesetzten" in seine Angelegenheiten dreinreden läßt und wie kurz angebunden er mit ihnen verfährt.

Intendant Plappart wagte, Einwendungen gegen das Neu-Engagement eines sehr kostspieligen Sängers zu erheben. „Ich möchte Sie, lieber Direktor Mahler, da doch bitten, ein wenig die Finanzen in Betracht zu ziehen und nicht gar zu viel in dieser Hinsicht auszugeben."

„Exzellenz, das ist nicht der richtige Standpunkt. Ein kaiserliches Institut wie die Hofoper muß sich eine Ehre daraus machen, auf solche Weise das Geld los zu werden, das es nicht besser verwenden könnte. Übrigens werde ich Ihre Bitte nach Tunlichkeit berücksichtigen."

Fürst Liechtenstein ließ Mahler wegen eines „Skandals" mit dem Ballett-Dirigenten zu sich rufen und wollte ihm in aller

Freundlichkeit — denn er hat Mahler sehr gern — ins Gewissen reden, er solle doch dem Rufe der Unverträglichkeit
und Ungeduld, der ihm voranging, nicht auf solche Weise
scheinbar rechtgeben. Mahler setzte ihm auseinander, wie
not solche Gewitter täten bei dem Zustande von Disziplin-
losigkeit, Verlotterung und Schlamperei, der an der Oper
herrsche und seit Jahrzehnten immer tiefer eingerissen sei.
Hier Ordnung zu schaffen, sei nur durch größte Strenge
möglich, die der Einsichtige daher gutheißen und jeden „Skandal" als heilsam wünschen müsse. Darum solle Fürst Liechtenstein in Zukunft nur dann nach ihm schicken, wenn nicht
jede Woche mindestens zwei Skandale in der Oper vorkämen.
Besonders einleuchtend und anschaulich, mehr als durch
lange Erklärungen, ward dem Fürsten Mahlers Art und Verhalten noch durch dessen scherzhaft-ernste Antwort, welche
er ihm auf seine leise Ermahnung gab, daß man ja vielleicht
nicht immer gleich mit dem Kopf durch die Wand rennen
müsse. „Ich renne mit dem Kopf durch die Wand, aber da
bekommt die Wand ein Loch!"

„Durch solche Bilder", sagte Mahler, „teile ich mich den
Leuten überhaupt am leichtesten mit und erreiche dadurch,
was ich sonst nicht so bald erlangte. So wollte Fürst Liechtenstein mir neulich eine Oper des Grafen Zichy*) zur Aufführung empfehlen, mit dem ich in Pest den Skandal hatte
und dessentwegen ich gegangen bin. Ich sagte ihm dawider,
daß man doch nur den Menschen anzusehen brauche, um
zu wissen, daß er nichts könne. Übrigens kennte ich anderes
von ihm, das elend sei.
Nun, es wäre ja doch nicht unmöglich, meinte Liechtenstein naiv, daß auch so einer plötzlich ein Beethovensches
Werk schriebe? — Unmöglich ist freilich nichts; aber es ist
so wenig zu erwarten, wie daß auf einer Roßkastanie mit
einem Male Orangen wüchsen!"

*) Einarmiger Klaviervirtuose und Komponist, Intendant der Pester
Oper.

„Das klagende Lied"
April 1898

„Wäre mir von der Konservatoriums=Jury, in der sich auch Brahms, Goldmark, Hanslick und Richter befanden, damals der Beethoven=Preis von 600 Gulden für das ‚Klagende Lied' zuerkannt worden, hätte mein ganzes Leben eine andere Wendung genommen. Ich arbeitete eben am ‚Rübezahl,' hätte nicht nach Laibach gehen müssen und wäre damit viel= leicht vor der ganzen niederträchtigen Opern=Karriere bewahrt gewesen. Statt dessen aber bekam Herr Herzfeld den ersten Kompositionspreis, und Rott und ich gingen leer aus. Rott verzweifelte und starb bald darauf im Wahnsinn, und ich ward (und werd' es auch immer bleiben) zum Theater=Höllen= leben verdammt."

Homophonie und Polyphonie
Mai 1898

Mahler sagte mir heute: „Im Höchsten wird die Musik wieder, wie im Niedersten, homophon. Der Meister der Polyphonie, und überhaupt nur polyphon, ist Bach. Der Begründer und Schöpfer der modernen Polyphonie ist Beethoven. Haydn und Mozart sind noch nicht polyphon. Wagner ist wirklich polyphon nur im ‚Tristan' und in den ‚Meistersingern'."

Als ich ihn um Erklärung und Beleg dafür bat, sagte er: „Das kommt bei dem ‚Ring' (dem Hauptbeispiel) daher, weil die Themen meist in Akkorden aufgebaut sind, an die sich, zu jenen gehörig, diese und jene Figur schließt. Bei der eigentlichen Polyphonie aber laufen die Themen ganz selbständig neben einander her, vom eigenen Ursprung zu ihrem besonderen Ziele, möglichst gegensätzlich zueinander, daß man sie immer gesondert vernimmt."

SPIELJAHR 1898/1899

Den Sommer 1898 hatte Mahler nach einer schmerzhaften Operation in Vahrn, Südtirol, verbracht. Die andauernden Schmerzen seines körper= lichens Übels sowie ihm widrige private Verhältnisse verdarben ihm oft die Stimmung und ließen ihn nicht recht zum Genuß der Natur und seiner Freiheit kommen.

Die Bühnenarbeiter

Mit Wlassack und dem Intendanten Plappart hatte Mahler einen Zusammenstoß wegen der Bühnenarbeiter, denen er wegen der ungewöhnlich langen Proben zum „Ring", damit sie zum Essen nicht heimgehen mußten, jedem einen Gulden (Summe neunzig Gulden) auszahlte. Das war der sparsamen Regie zu verschwenderisch. Wlassack fand, daß die Opern= arbeiter ohnehin glänzend gestellt seien (monatlich 35, höchstens 50 fl. bei unbeschränkter Arbeitszeit!). Mahler sagte den Herren mit aller sachlichen Begründung aufs ent= schiedenste seine Meinung, und es schien ihm, als wäre er damit durchgedrungen. Für diesmal wurde es bezahlt. Als aber dann Mahler den Leuten wieder ihr Plus, wie neulich, versprach, wurde es ihm gestrichen und er zahlte es, um nicht wortbrüchig zu werden, selber. „Kleinere Summen bezahle ich ohnehin, weiß Gott wie oft, ohne ein Wort zu sagen, aus meiner Tasche. Die Kinder, welche mir die Zwerge im Nibelheim machen, traktiere ich nach langer Probe mit Würsteln und Brot und einem Glas Bier, was jedesmal neun Gulden kostet. Aber daß ich jene großen gerechtfertigten Summen, die längst am vollen Hause herein= gebracht sind, zahlen soll, sehe ich nicht ein und stecke ich nicht ein!

Die ganzen Verhältnisse der Bühnenarbeiter bedürften dringend einer gründlichen Untersuchung und Regelung, d. h. Verbesserung. Aber das alles ist zu viel für einen Menschen. Und so konnte ich mich um diese Schlechtest= gestellten nicht bekümmern, kenne sie kaum und weiß nichts von ihnen. Wie einen mahnenden Geist sehe ich auf der Bühne dann und wann einen vor mir auftauchen."*)

Mahler Dirigent der Philharmoniker
26. September 1898

Heute kam zu Mahlers größter Überraschung eine Abord‹ nung der Philharmoniker zu ihm, ihn zu bitten, er möge die Leitung der philharmonischen Konzerte übernehmen. Mahler konnte der Verlockung, endlich Konzerte zu dirigieren (der Wunsch seines Lebens!), nicht widerstehen, obwohl kaum auszudenken ist, wie er damit, zu allen Geschäften der Oper hinzu, fertig werden solle. Tatsächlich ergriff ihn am Abend, nachdem er zugesagt hatte, beinahe die Reue, weil er fürchtete, er werde beiden Aufgaben nicht gerecht werden können und die Oper darunter leiden müssen. Am Morgen darauf aber sah er die Sache schon vertrauensvoller an, da er sich ja, wie er sagte, einige Arbeit zumuten könne. Besonders wert‹ voll sei es ihm in Hinblick auf das Orchester, welches er durch die Konzerte künstlerisch erst ganz in die Hand be‹ kommen werde.

Vom „Klagenden Lied"

Mahler sagte mir, daß er „Das klagende Lied" bei den massenhaften Operngeschäften nicht zum Druck fertig machen könne. „Ich muß daran einen ganzen Passus ändern, das heißt zurückverwandeln in die ursprüngliche Fassung — die ich leider seither verloren —, aus der ich ihn in Hamburg einmal in eine andere Form gegossen habe: es ist da, wo ich zwei Orchester, eines davon in der Ferne außer dem Saale, verwende. Das, wußte ich, würden mir die Herren nie aufführen. Um es zu ermöglichen, strich ich das zweite Orchester und verlegte seinen Part ins erste. Als ich es nun wieder zu Gesicht bekam, stellte sich sofort heraus, daß es

---

*) Übrigens hat Mahler später, wie einer Aufzeichnung vom 1. April 1900 zu entnehmen ist, „unter dem ärgsten Widerstreben der Herren von der Intendanz die Lohnerhöhung sämtlicher Arbeiter durchgesetzt".

sehr zum Schaden des Werkes geschehen war, das ich nun wieder in die frühere Gestalt zurückbringen muß — mögen sie mir's spielen oder nicht!"

Über die Beethoven-Quartette
Aufführung mit Orchester

Um sein Programm der philharmonischen Konzerte befragt, sagte Mahler, er werde heuer gewissermaßen nur seine Karte abgeben, zu zeigen, was er hoch und wertvoll halte und welche Richtungen er pflegen wolle. Eine neue Art von Werken aber werde er zur orchestralen Aufführung heran‹ ziehen und für immer, wie er hoffe, dafür gewinnen. Für die Kompositionen aber bedeute es einfach die Entdeckung; denn daß sie bisher vernommen und verstanden worden seien, leugne er. Es seien alle großen Beethovenschen Quartette, für welche die Wiedergabe durch vier Spieler absolut nicht mehr ausreiche. Schon das Quartett überhaupt, das ja fürs Zimmer gemacht ist, in den Saal zu übertragen, sei eine ge‹ wagte und willkürliche Sache — vollends aber bei den gewal‹ tigen Kompositionen der letzten Beethoven‹Quartette, bei denen längst nicht mehr an die vier armseligen Männlein gedacht sei und die schon der Konzeption nach ganz andere Dimensionen hätten und ein kleines Streichorchester einfach verlangten. „Ich wähle mir", fuhr Mahler fort, „als Bei‹ spiel für alle gleich das schwerste und größte aus, das Cis‹ Moll‹Quartett, wozu ich den Wagnerschen Text abdrucken lassen will, und werde damit den Beweis erbringen, daß diese Werke nur so gespielt werden können. Natürlich erfordert das von den Musikern eine neue und noch weit feinere Technik und Vortragsweise als jetzt bei den schwierigsten Symphonien. Aber das wird nur zu ihrem und meinem großen Vorteil sein und ich werde sie erst dadurch auf die höchste Stufe heben. Der Stil für diese Gattung von Werken muß erst geschaffen werden. In der Komposition ist an keiner Note zu rühren. Ich dachte anfangs, Bässe dazu zu nehmen, mußte es aber wieder fallen lassen, so ehern und unantast‹

bar ist das Ganze gefügt. Welche ungeahnte Wirkung das Ergebnis sein wird, das werdet ihr sehen!"

Das Nornenseil

Mahler erhielt von Cosima Wagner einen Brief, in dem sie für das Nornenseil eintrat, welches Mahler nach reiflichem Erwägen und Probieren weggelassen hat. Er erwiderte ihr mit der Darlegung aller Gründe, die ihn dazu bestimmten, und kam zu dem Ende, daß er sich vorbehalten müsse, solche Dinge in seinem Sinne und nach seinem künstlerischen Wissen und Gewissen zu machen.

Schönaich, der heute mit mir bei Mahlers zu Tische war, wollte als Freund der Familie Wagner und aus eigener Überzeugung auch ein Wort für das Nornenseil einlegen. Mahler aber schnitt es ihm gleich ab: „Ich bitte Sie, verschonen Sie mich damit! Daß ich auch etwas von der Sache verstehe, werden Sie mir zugeben, und daß ich nicht in meine Ideen verliebt bin, deren ich jeden Tag von zwanzig neunzehn fallen lasse, können Sie mir gleichfalls glauben. Aber ich habe in Bayreuth die Seilszene noch nie gelingen sehen, ja so schlecht manipulierten dort die Nornen zuletzt damit, daß sie das Seil fallen ließen und aufstehen mußten, es wieder zu holen! Das ist doch der deutlichste Beweis für die Unmöglichkeit dieses Verfahrens, wenn in Bayreuth bei allem, was an Studium und Proben daran gewendet wird, so etwas passieren kann!"

Mahler ließ seine Nornen zur Übung alle Proben mit einem Seil machen, erst bei der letzten nahm er es ihnen fort. Und nun führten sie die Würfe und Fangbewegungen so täuschend aus, daß wohl niemand, der es nicht wußte, denken konnte, daß ihnen das Seil fehle. Und tatsächlich wurde im Publikum gestritten, ob die Nornen ein Seil gehabt hätten oder nicht.

„Sicher aber ist mir," sagte Mahler, „daß Richard Wagner viel toleranter gewesen wäre als seine Nachkommen und Nachbeter; er würde es mir gewiß zugestanden haben, wenn er gesehen hätte, daß von zwei Übeln dies wenigstens das kleinere sei."

Das erste philharmonische Konzert
6. November 1898

Gestern der große Tag von Mahlers erstem philharmonischen Konzert. Er hatte als Programm die „Coriolan‹Ouvertüre", die G‹Moll‹Symphonie von Mozart und die „Eroica" gewählt und so göttlich den Wienern aufgeführt, wie sie sich's wohl kaum träumen ließen. Doch verdroß es ihn, daß die Kritiker gleichwohl an seiner „Mozart‹Auffassung" und dem und jenem an der „Eroica" — bei sonstiger Bewunderung — zu nörgeln hatten. Übrigens schrieb Hanslick ein begeistertes Feuilleton über ihn.

Von der „Coriolan‹Ouvertüre" sagte mir Mahler, es sei eines der konzisesten und reichst erfüllten Werke, die Beethoven geschrieben, und eines derjenigen, die weit unterschätzt würden. Gleich die ersten fünf Akkorde seien Ouvertüre der Ouvertüre und enthielten das ganze Schicksal Coriolans. „Sie dürfen daher nicht, wie es immer geschieht, heruntergespielt werden als fünf gleiche Schläge, sondern haben zu lauten: < >, Anstieg, Höhepunkt und dann der Niedergang und völlige Abfall in den letzten zwei Akkorden. Um Gottes willen darf der Anfang des Folgenden nicht als ein zierlicher verstanden und gebracht werden; sogleich nach den Eingangsakkorden die Sechzehntel in den Geigen nicht bravourmäßig, sondern grollend, kräftig."

Ferner sagte Mahler, daß ihm das Stück so gemäß sei, als hätte er sich darin selbst charakterisieren und vorstellen wollen.

Im Verlauf dieser Konzerte hat man es Mahler zugestanden, daß er nicht mehr „gleich einem galvanisierten Frosch", wie einer der Herren es zu nennen beliebte, dirigiere, sondern sogar sehr ruhig und gehalten in seinen Bewegungen. Natürlich, weil er zu den philharmonischen Aufführungen eine Reihe von Proben hat, in denen er alles bis aufs letzte mit dem Orchester studiert und so beim Konzert nur ein Minimum von Bedeuten und Bewegung braucht; in der Oper dagegen, wo er besonders anfangs häufig Vorstellungen ohne jede Probe übernehmen mußte, die vernachlässigt und keineswegs in seinem Sinne herausgearbeitet waren, da bedurfte es freilich bei Spielern und Sängern eines anderen, heftigeren Zeichen= gebens.

Noch ist zu berichten, daß am Vortage des ersten phil= harmonischen Konzertes ein Schmähartikel gegen Mahler, den „Juden" und „jüdischen Musikmachthaber von Wien", der Richter*) mit allen Mitteln gestürzt habe usw., in einer Zei= tung erschien. Mahler war schon zuvor von dem Musik= referenten des Blattes, der ihn sehr verehrt, davon avisiert worden mit der Versicherung, daß er den Artikel, der ohne sein Wissen aufgenommen wurde, nicht mehr verhindern könne. Es war der letzte Versuch einer Reihe von Opern= mitgliedern selbst, Mahler, den sie haßten, weil er von ihnen das Äußerste an Arbeit und Können verlangte, anzugreifen und womöglich zu stürzen. Doch ging dieser Angriff, der vor Denunziationen und persönlichen Verleumdungen nicht zurückscheute, ohne Schaden für Mahler, ja wahrscheinlich nur zu seinem Nutzen vorüber, freilich nicht, ohne ihm Ärger und Bitterkeit im Hinblick auf seine nächste Orchesterum= gebung zu bereiten.

Das fünfte philharmonische Konzert
15. Jänner 1899

Gestern das fünfte philharmonische Konzert, in dem Mahler das Beethovensche F=Moll=Quartett op. 95, die B=Dur=Sym= phonie von Schumann und Tschaikowskys Ouvertüre „1812" aufführte.

Den Anfang machte eine Demonstration für Mahler, her= vorgerufen durch den Widerspruch von ein paar Zischern gegen den Applaus, mit dem Mahler diesmal empfangen

---

*) der Mahlers Vorgänger als Dirigent der Philharmoniker gewesen war.

worden war. Der innere Grund zur Demonstration aber war ein antisemitischer Rummel, der sich neuestens gegen Mahler entladen hatte, weil Bürgermeister Lueger das Konzert, welches die Philharmoniker jährlich für die Armen Wiens gaben, nicht von dem „Juden" Gustav Mahler hatte dirigiert wissen wollen und die Philharmoniker sich natürlich geweigert hatten, unter einem anderen als dem von ihnen erwählten Dirigenten zu spielen. Dafür mußte sich Mahler, der in der ganzen Sache den Mund nicht aufgetan und sich nicht darum gekümmert hatte, die schlimmsten Angriffe und Insulten in den antisemitischen Blättern gefallen lassen, wogegen andere Blätter seine Partei ergriffen. — Nach diesem politischen Eingang nahm das Konzert als „artistische" Streitfrage seinen Fortgang. Denn gegen Mahlers Aufführung der Quartette durch ein Streichorchester befand sich alle Welt, Kritiker und Hörerschaft, in heller Opposition, so daß Mahler in der Absicht, den Stier an den Hörnern zu fassen, zu Hanslick vorher sagte: „Ich bin heute naturgemäß in Kampfstimmung, denn Sie werden sehen, daß das ganze Philistertum wie ein Mann sich gegen diese Vorführung der Quartette erheben wird, statt daß sie es sich doch, neugierig und froh, gefallen lassen könnten, es einmal auch so anzuhören.

Und so brauste das Quartett wie ein Sturmwind heran und bewies gleich mit den ersten Takten schlagend, daß dies

„von vier armseligen Manderln", wie Mahler sagt, nicht gespielt werden könne, während die zarten Kantilenen und Vortragsstellen so diskret piano und von solch einem zauberischklanglichen Reiz waren, daß sie von einem Geigenindividuum nie schöner gebracht werden können. Damit waren die Befürchtungen der Gegner, daß diese wichtige Seite des Quartettspiels durch die Vielheit beeinträchtigt würde, klar widerlegt.

Ich habe an Klangstärke Ähnliches nie gehört und für

möglich gehalten, ohne Roheit und Rauheit, worüber Mahler nachher sagte: „Das macht, weil bei mir die führende höchste Stimme immer die stärkste ist, was so oft durch schlechte Instrumentation oder Ausführung verwischt wird, denn sowie die Mittelstimmen stärker sind, klingt es ordinär."

Wagner und Schumann

Es war die Rede davon, wie unbegreiflich es sei, daß Richard Wagner so wundervolle Werke wie die Schumann‹ schen Symphonien verkennen und verdammen konnte. „Und das durfte er sich noch für seine Person erlauben," sagte Mahler, „da er vielleicht durch eine schlechte, unverständliche Aufführung irregeleitet war. Aber unter dem ganzen Heere der Nachbeter, die sich bis heute nicht entblöden, Schumann von oben herab zu behandeln und zu belächeln, hat Wagners Irrtum und heftige Parteilichkeit bedauerlichen Schaden an‹ gerichtet."

Plan zu einer Aufführung der Matthäus‹Passion

Mahler sagte heute: „Ich möchte einmal die Matthäus‹ Passion in Wien (zu Gunsten des Pensions‹Institutes) auf‹ führen: mit zwei gesonderten Orchestern, eines rechts, das andere links; zwei ebenso getrennten Chören und einem dritten, der eigentlich die Gemeinde, das Publikum, sein soll und noch wo anders postiert werden müßte; dazu den Knabenchor, den ich hoch hinauf zur Orgel stellen würde, daß die Stimmen wie aus dem Himmel kämen. Du solltest die Wirkung sehen, wenn so Frage und Antwort verteilt und nicht, wie jetzt immer, wie Kraut und Rüben durcheinander gestreut würden.

Dazu sollte ich freilich andere Räume haben als den Musikvereinssaal: eine riesige Exerzierhalle wie seinerzeit in Minden bei Kassel, wo ich den „Paulus" mit allen Chören der umliegenden Städte machte. Es war mir eine Freude, diese Massen zu dirigieren, wozu ich mir statt des leichten Takt‹ stockes einen Knüppel von Dirigentenstab genommen hatte.

Aus dem Vierten Satz der Dritten Symphonie

Datiert: Steinbach a. Attersee, Sommer 1896

Das Geheimnis des Gelingens solcher Werke ist, daß man sie einzeln mit den verschiedenen Gesangsvereinen, aus denen sich die Chöre rekrutieren, aufs genaueste und sauberste vor den Gesamtproben studiert. Das tat ich in Kassel damals mit einem wahren Feuereifer, der auch zu einem glänzenden Ende führte.

Etwas Komisches geschah mir einmal an einem solchen Probentag. Ich kam knapp vor Abfahrt des Zuges auf die Bahn, sprang in den Waggon und — nachdem ich vielleicht eine Stunde sitze und vor mich hinträume, entdecke ich, daß ich gar nicht fahre, sondern aus Versehen in einen ausrangierten Wagen gesprungen bin, in dem ich bis morgen auf Minden hätte warten können. Das Unglück war geschehen, gutmachen ließ es sich nicht mehr und es blieb mir nichts übrig, als den Mindenern die Chorübung wegen Zugverfehlens abzutelegraphieren."

Beethovens Siebente Symphonie

Mahler erzählte mir von seiner Aufführung der Siebenten Beethovenschen Symphonie, daß der letzte Satz eine dionysische Wirkung auf alle Hörenden ausgeübt habe; die Leute seien wie betrunken hinausgegangen. „Und so muß es sein", sagte er. „Du hättest aber auch hören sollen, welche Kraft ich dabei entfesselte, die doch nicht unverhältnismäßig klang, weil die Singstimme absolut die Oberhand behielt und auch jede Figurierung, Passage und Verzierung aufs deutlichste und hellste herauskam.

Damit aber solches geleistet werde, muß jeder alles, was er hat, einsetzen, ja er muß mehr hergeben, als er hat, und sich um ein ganzes Stück über sich selbst erheben. Und dazu zwinge ich sie; denn jeder hat das Gefühl, daß ich mich sofort auf ihn stürzen und ihn zerreißen würde, wenn er es nicht bringt, wie ich es will, und unter dieser äußersten Anspannung ihrer Fähigkeiten gelingt das Unmögliche.

Von dieser Siebenten sagen sie, sie verdiene nicht diese Zahl. Ja freilich, wenn das ganze herunterdirigiert wird,

wie man in einem Ausguß das Wasser hinabgießt! — Besonders im letzten Satz, der von Witz und Heiterkeit und
unzähligen Einfällen sprüht, geht so viel an Wechselndem
und Unerwartetem vor, das nur durch das innerlich-beweg-
teste und freieste Dirigieren, das bald einhält, bald vorwärts
drängt, bald breit verweilt, zum Ausdruck kommt."

Mahlers Zweite Symphonie in Wien
9. April 1899

Mahler erlaubte ein paar Nächststehenden, versteckt den
Proben zu seiner Zweiten Symphonie beizuwohnen. Es
wurden gestern die ersten drei Sätze, heute der Vierte und
Fünfte probiert. Das Orchester verhielt sich auch hier zuerst
unverstehend und verblüfft, dann wachsend gefesselt und tat,
einige wenige ausgenommen, sein Möglichstes, der schwierigen
und großen Aufgabe gerecht zu werden. Jene Gegner hatten
noch in der letzten Stunde die Aufführung der Zweiten zu
hintertreiben versucht. Es erschien wieder ein Schmähartikel
in einer antisemitischen Zeitung, der, wie damals, von ein
paar verleumdenden Orchestermitgliedern inspiriert war. Wie
am Tage vor dem ersten philharmonischen Konzert versuchten
sie, Mahler zu Fall zu bringen, in der Hoffnung, daß sich,
was ihnen beim Dirigieren der „Philharmonischen" nicht gelungen, jetzt vielleicht beim Komponisten erfüllen könnte.
Doch der bessere Teil der Musiker schlug sich zu Mahler,
und jene anderen, die gegen die Aufführung der Symphonie
als eines Werkes, „das bisher überall durchgefallen und aus-
gezischt worden war", protestiert hatten, mußten sich zur
Ruhe bequemen.

In einer Woche mit nicht mehr als vier Proben leistete
Mahler das Wunder, sein ungeheures und dem Orchester,
das nie etwas von ihm gespielt hatte, bis in die Wurzeln
fremdes Werk völlig einzustudieren.

Über die Art und Intensität, mit der Mahler solche Proben
durchführte, wurde schon bei Gelegenheit seines Berliner

Konzertes berichtet. Eine schwierige Rolle hatte wieder der Paukist, dessentwegen mehrmals unterbrochen werden mußte. Insbesondere konnte er nicht rasch und nicht stark genug schlagen, und als Mahler bei der Stelle, wo die Gräber auf= springen, die höchste Kraft verlangte, behauptete er, das Paukenfell werde reißen (dasselbe hatte sich in Berlin ab= gespielt). Mahler aber sagte, er solle es nur darauf ankommen lassen, und wich nicht ein Haar breit von seiner Forderung — wobei es übrigens in einer der Proben geschah, daß in der Tat ein Paukenschlägel entzweisprang. Ebenso machte der Beckenschläger die Schläge oft nicht stark genug, was Mahler einmal heftig rügte; und als der Mann, unter Aufbietung seiner ganzen Kraft zusammen schlagend, fragte: „Ist es nun stark genug?" — rief Mahler: „Noch stärker!" Worauf der andere aufs gewaltigste dreinhieb mit einer Miene, als wollte er sagen: jetzt übertrifft mich aber kein Satan mehr! Da schrie Mahler: „Bravo, so ist's recht! Und jetzt — noch stärker!"

Der Erfolg, den die Symphonie Sonntag im Konzert hatte, war über unser Erwarten gut. Schon daß der große Musik= vereinssaal bis auf ein paar Plätze ausverkauft war, zeigte das Interesse, welches man Mahler entgegenbrachte. Ein starker und ziemlich allgemeiner Applaus folgte dem Ersten Satz. Der Zweite, einem Teil des Publikums schon vom vorigen Jahre her (unter Löwe) bekannt, gefiel, wie immer, am all= gemeinsten; dabei wiegten schon die Philister ihre würdigen Häupter und sanktionierten seine „schönen Melodien". Die Musiker aber, besonders die Celli bei ihrem wundervollen Gesang, den Mahler ruhig, gehalten und nicht als „Schmacht= fetzen" vorgetragen verlangte, waren bei der Aufführung gar nicht mehr zurückzuhalten, so riß es alle mit fort. Das Scherzo mit seinem grauenhaften Humor war den Leuten vielleicht am unverständlichsten und sein Schluß kam ihnen so unerwartet, daß sie eine Weile totenstill waren und dann erst einiger Applaus sich erhob. Tiefste Wirkung machte das „Urlicht". Es wurde so lange applaudiert, daß Mahler sich sogar herbeiließ, es zu wiederholen — aber nicht wegen des Applauses, sondern weil er den Dritten, Vierten und Fünften Satz ohne Unterbrechung haben und so wenigstens den Zusammenhang der beiden letzten retten wollte.

Der letzte Satz mit seinem furchtbaren Aufschrei als Einsatz und den Angst- und Schreckenslauten aller Seelen; der Marsch, mit welchem ihre Scharen zum Jüngsten Gericht von allen Seiten wimmelnd herbei ziehen, und die aller Erwartung widersprechende Lösung und Erlösung in dem sublimsten, über alle Höhen sich erhebenden Chor „Auferstehen": das alles machte auf den größten Teil des Publikums die gewaltigste Wirkung. Der andere, unbekehrte, ja vielleicht über das Werk entsetzte Teil der Hörer, denen das Befremden auf der Stirne geschrieben stand, wagte doch nicht, wie in früherer Zeit, ihm zischend und laut schimpfend Ausdruck zu geben.

So schloß das Konzert mit einem Jubel und Beifallssturm, der Mahler unzählige Hervorrufe im Saal eintrug und ihm ins Foyer und zur Treppe, ja selbst bis auf die Straße folgte.

Mahler war von dieser Aufnahme seiner Symphonie doch sehr erfreut und befand sich nachher bei Tisch — wie schon in den Tagen vorher nach den Proben — in jener gehobenen und schwärmend hinreißenden Stimmung, in die ihn vor allem das Wiederaufleben in seinem Werke versetzte.

Aus diesem Himmel rissen ihn einigermaßen die Kritiken, welche über seine Symphonie am nächsten Tag erschienen und die den seinerzeitigen Kritiken von Berlin an Unverständnis nicht viel nachgaben. Diese unerquickliche Berührung mit der „Welt" und besonders das Zurückkehren in die Opernplage hatten bei Mahler einen großen Katzenjammer im Gefolge, zu dessen Heilung er sich von der Oper und aus allem Stadtgetriebe weg in die Einsamkeit und ins Gebirge sehnte.

Gelegentlich sagte Mahler einmal über seine Zweite: „Ein Fehler, den die C-Moll-Symphonie hat, ist der zu scharfe (unkünstlerische) Gegensatz, den das Andante mit seinem heiteren Tanzrhythmus zum Ersten Satz bildet. Das kommt daher, daß ich beide Sätze unabhängig von einander und ohne den Gedanken, den einen an den andern zu fügen, entwarf. Sonst hätte ich das Andante wenigstens mit dem Gesange der Celli beginnen und darauf erst den jetzigen Anfang folgen lassen können. Es heute aber noch umzu₋ arbeiten, das geht nicht mehr. *)

Über Johann Strauß

In einem Gespräche über Johann Strauß sagte mir Mahler: „Ich taxiere die Walzer gar nicht niedrig, lasse sie in ihrer Eigenart und lieblichen Erfindung ganz gelten als das, was sie sind. Aber Kunst kann man das nicht nennen; das hat so wenig damit zu tun wie etwa das Volkslied: ‚Ach, wie ist's möglich denn‘, so ergreifend es ist. Die kurzatmigen Melo₋ dien von acht zu acht Takten, aus denen gar nichts, auch nicht der leiseste Versuch einer Verarbeitung gemacht ist, können als ‚Kompositionen‘ doch überhaupt nicht zählen. Wenn du z. B. Schuberts ‚Moments musicals‘ vergleichst, das ist in der Führung und Entwicklung und dem Gehalt eines jeden Taktes ein Kunstwerk. Strauß ist ein armer Schlucker mit all seinen Melodien und ‚Einfällen‘, um die er sich nichts kaufen kann — wie einer, der vom Versatz seiner paar Habseligkeiten leben müßte, gleich damit fertig wäre, indes der andere das kleine Geld und das große Geld immer, wie er's braucht, in der Tasche hat.“

---

*) In der ursprünglichen Niederschrift Mahlers (aus dem Nachlaß der Verfasserin) ist übrigens das Andante als Vierter Satz bezeichnet.

SOMMER 1899

8. Juni — 29. Juli

Da die schon im Winter aufgenommene Wohnung, ein „Herrschaftshaus"
in Lausa bei Losenstein an der Enns, bei der Ankunft aus unaufgeklärten
Gründen als „für den Hausherrn reserviert" bezeichnet wurde, mußte ein
neuer Sommeraufenthalt gesucht werden, der nach zehn Tagen in Aussee
gefunden wurde.

Mahler über seine Dritte Symphonie

Als von der unverständigen Beurteilung seiner Zweiten
Symphonie durch einen Musikkenner die Rede war, sagte
Mahler: „Was würden sie nun erst zu meiner Dritten sagen,
und was haben sie für bodenlosen Unsinn damals bei ihrer
teilweisen Aufführung in Berlin darüber geredet und geschrieben! Nicht an die Oberfläche, nicht an die äußersten
Konturen sind sie herangekommen! Das Ganze muß ihnen
in lauter Noten ohne inneren und äußeren Zusammenhang
auseinandergefallen sein.

Und das wundert mich nicht, denn indem ich jetzt die
Korrekturen mache, kommt mir selbst alles so merkwürdig
vor, daß ich mich voll Staunen erst hineinversetzen muß.
Besonders das Scherzo, das Tierstück, ist das Skurrilste und
dazu wieder das Tragischeste, was je da war — wie ja nur
die Musik von einem zum andern in einer einzigen Wendung
mystisch uns führen kann. Dieses Stück ist wirklich, als ob die
ganze Natur Fratzen schnitte und die Zunge herausstreckte.
Aber es steckt ein so schauerlicher panischer Humor darin, daß
einen mehr das Entsetzen als das Lachen dabei überkommt.

Wie aus dem wirren Traum das Erwachen — oder vielmehr ein leises Sich-seiner-selbst-bewußt-werden — folgt das
Adagio darauf. Ich habe mich immer besonnen, woher ich
das Thema kenne; heute fällt mir ein, daß es aus einer
Komposition meiner Gymnasialzeit ist. Da standen die
ersten Takte ganz so da wie in dem ‚O Mensch'; aber darnach wurde es gleich trivial."

Über Löwe

Als wir über Löwe, den Balladenkomponisten, sprachen, sagte Mahler: „Er würde meine Humoresken verstehen, wie er in Wahrheit der Vorläufer dieser Kompositionsform ist. Nur hat er noch nicht das Letzte darin getroffen und behilft sich mit dem Klavier, wo eine weite, das Tiefste des Gegenstandes umfassende Komposition das Orchester unerläßlich verlangt. Auch kann er sich von der alten Form noch nicht befreien, wiederholt die einzelnen Strophen, während ich ein ewiges Weiterlaufen mit dem Inhalt des Liedes, das Durchkomponieren, als das wahre Prinzip der Musik erkenne. Bei mir findest du von allem Anfang an keine Wiederholung bei wechselnden Strophen mehr, eben weil in der Musik das Gesetz ewigen Werdens, ewiger Entwicklung liegt — wie die Welt, selbst am gleichen Ort, eine immer andere, ewig wechselnde und neue ist. Aber freilich muß diese Entwicklung auch ein Fortschritt sein, sonst gebe ich keinen Schuß Pulver dafür!"

Auf Bergeshöh

22. Juli

Wir machten heute einen Spaziergang auf die „Pfeiferalm". Mahler war besonders entzückt davon, weil wir auf dem ganzen Weg keiner Seele begegneten. Oben saßen wir lange auf der Veranda des Alpenhüttels. Mahler sog den wundervollen Ausblick und mehr noch die tiefe Stille des Ortes ein. Ich weiß nicht, in welchem Zusammenhang er sagte, als er das Schweigen brach: „Die Musik muß immer ein Sehnen enthalten, ein Sehnen über die Dinge dieser Welt hinaus. Schon als Kind war sie mir etwas so GeheimnisvollEmportragendes, doch legte ich damals mit meiner Phantasie auch Unbedeutendes hinein, was gar nicht darinnen war."

Später kam er auf die verhängnisvollen Störungen und Unterbrechungen seiner Produktion zu sprechen: „Mit meinem Komponieren gleiche ich in diesen drei Sommern einem Schwimmer, der ein paar Tempi macht, nur um sich zu überzeugen, daß er überhaupt noch schwimmen könne. Oder es ist das Prüfen, ob eine Quelle nicht gar versiegt sei; die meine tröpfelt ein wenig, aber nicht mehr."

Wandlung

Mahler sagte: „Früher liebte ich in meinen Kompositionen das Ausgefallene und von allem Gewohnten auch in der äußeren Form Abweichende: wie ein junger Mensch sich gern auffallend kleidet, während man später froh ist, sich im Äußern nur nicht zu unterscheiden und nicht aufzufallen, wo innerlich der Unterschied gegen die andern ohnedies so groß ist. So bin ich heute zufrieden, wenn ich meinen Inhalt nur irgend in die gewöhnliche Form gießen kann, und vermeide alle Neuerungen, wo sie nicht sein müssen. Ehemals z. B. schloß ich ein Stück, das in D-Dur begann, womöglich in As-Moll; dagegen lasse ich mich's jetzt oft viele Mühe kosten, um in der Tonart des Anfangs auch zu enden."

Anschließend daran erinnerte er sich, daß er seine Erste Symphonie in D-Dur geschlossen und immer geglaubt habe, sie gehe in D-Dur, während sie in Wahrheit durch das Hauptmotiv in A-Dur geht. „Es wäre alles anders geworden, wenn ich den Schluß dahin geführt hätte."

Das Komponieren

„Das Komponieren ist wie ein Spielen mit Bausteinen, wobei aus denselben Steinen immer ein neues Gebäude entsteht. Die Steine aber liegen von der Jugend an, die allein zum Sammeln und Aufnehmen bestimmt ist, alle schon fix und fertig da."

Die Vierte Symphonie

Es ist also wirklich seine Vierte Symphonie, die Mahler so vor Torschluß in den Schoß gefallen! Nachdem er nämlich mit der Vollendung der „Revelge" alle Arbeit vor lauter Störungen schon aufgegeben hatte, merkten wir ihm plötzlich an, daß er doch wieder in eine Komposition geraten sei, und zwar, wie es Anschein und Andeutungen verrieten, war es diesmal kein kleines, sondern ein größeres Werk, daß die Qual der Unruh des Ortes und das noch näher ge= rückte Ferienende sich verstärkt dem Armen fühlbar machten. Was er davon in der Galgenfrist von zehn Tagen sich ge= rettet, das weiß Gott — wenn man auch bei ihm gewohnt ist, daß er das Unmögliche möglich macht. Er arbeitet trotz aller Hindernisse, wo er nur kann, selbst beim Spazierengehen (allein, oft sogar mit uns, indem er zurückbleibt), was er seit dem „Klagenden Lied" nicht mehr getan hat. Dabei stören ihn auch hier auf Schritt und Tritt die „Ausseer Gäste" und er sehnt sich nach „Häuschen" und Einsamkeit wie nie zuvor. Jetzt, sagen wir oft zu einander, begreift man erst, was Beethoven mit seiner göttlichen Taubheit geschenkt war, die ihm, wenn auch unter tausend Schmerzen, das ganze störende, zerstreuende und leere Treiben der „Welt" verschloß.

Änderung des Urteils

Mahler hat mit Rosé das Brahmssche Klarinett=Quintett und die Klarinett=Sonaten (für Klavier und Violine gesetzt) gespielt, die ihm ein früheres Mal nicht gefallen wollten. Jetzt fand er sie herrlich. „Da ist es kein Wunder," rief Mahler, „wenn das Publikum dummes Zeug spricht und nicht urteilen kann, da uns so etwas passiert!"

Eine heitere Geschichte

Abends*) im Peterbräu zu St. Wolfgang waren wir sehr aufgeräumt und lustige Geschichten kamen aufs Tapet. Zu= letzt erinnerten sich Mahler und Justi noch eines Abenteuers aus dem Pester Stadtwäldchen. Da baut sich in zwei präch= tigen Terrassen um den Kursalon herum das Gartenkaffee auf, an schönen Tagen der Sammelplatz der ganzen Buda= pester eleganten Welt. Mahler und Justi fuhren auch zur

---

*) Es war am 30. Juli. [Anm. d. V.]

Jause hin und saßen plaudernd an der Balustrade auf der oberen Plattform. In seiner alten Gasthausgewohnheit, die Mahler jeden Teller, jedes Besteck vor dem Gebrauche mit aller Energie abwischen läßt, schwenkte er eben auch ein Glas, ehe er trank, mit Wasser aus und goß seinen Inhalt in Gedanken rückwärts — auf die untere Terrasse, wo er ein paar hochfein gekleidete Damen traf, die kreischend auf‹ fuhren. „O p—a—r—r—d—o—n!" rief Mahler, der sich, da ihm der Strahl entflogen war, erinnerte, was er anstellte, und ent‹ setzt seinem Wassergeschoß hinunter nachsah. Da er aber der Direktor der Oper, eine stadtbekannte Persönlichkeit, und seine Zerstreutheit sprichwörtlich war, vergab man dem Missetäter und beruhigte sich bald. Es waren noch keine fünf Minuten vergangen — Mahler wollte Justi, die darnach verlangte, Wasser einschenken —, als er, ehe sie sich dessen versah, um auch ihr Glas zu säubern, sich wieder zur unglück‹ seligen unteren Terrasse niederbeugte und von neuem eine Dusche aus dem zweiten Glas über sie ergoß! Jetzt war aber das Hallo ein so allgemeines, daß alles lachend und schreiend aufsprang; ein Kellner, der eben mit beladenem Tragbrett herbeikam, mußte es schleunigst niederstellen, um es vor Lachen nicht fallen zu lassen. — Mahler und Justi aber wollten sich im Stadtwäldchen so bald nicht wieder zeigen.

Das Mahlerhaus am Wörther See
Vorgeschichte
18. August 1899   (Aus einem Briefe)

Als Justi und ich neulich nach einer erfolglosen Wohnungs‹ Entdeckungs‹Radelei um den See herum ganz deprimiert in Maria‹Wörth ankamen, wurden wir, schon auf dem Dampfer, angerufen und aufgehalten von — der Mildenburg, die kaum von dem Zweck unserer Reise gehört hatte, als sie uns be‹ wog, auszusteigen und nach Mayernigg mitzukommen, wo das, was wir suchten, zu finden sei. Ein geschickter Amateur‹ Architekt namens Theuer, auf den Frau Mildenburg uns

aufmerksam machte, ein unabhängiger und selten herzens=
guter Mensch, stellte seine Kenntnisse und Erfahrungen
unseren Wünschen zur Verfügung und riet, nicht zu mieten,
sondern zu bauen, was mit seiner Hilfe gut und billig ge=
schehen könne. Mahler wurde telegraphisch herbeigerufen.
Wir wohnten drei Tage, von der größten Gastfreundschaft
umgeben, auf „Schwarzenfels". Alles wurde durch und durch
beraten, Baugründe besehen und auf die Ruhe hin geprüft,
was keine kleine Aufgabe und immer wieder mit Ent=
täuschungen verbunden war, so daß Mahler schon unver=
richteter Dinge abziehen zu müssen glaubte. Da fand sich
aber im letzten Augenblick das Beste: ein ganz abgeschlos=
sener waldiger Baugrund am See für das Haus und nicht
weit in der Höhe darüber ein wahrer verwunschener Urwald
als weltentrückter Platz für Mahlers Häuschen, also das,
was in idealer Weise allen seinen Bedürfnissen entsprechen
würde. Der Bauplan wurde sofort aufs reizendste und ganz
nach Mahlers Angaben und Erfordernissen entworfen. Jetzt
hängt alles noch davon ab, ob der Grund zu haben ist;
dann soll sogleich mit dem Bau begonnen werden. Theuer,
der bis Ende Oktober hier weilt, wird alles machen und
überwachen und nächsten Sommer steht jedenfalls Mahlers
Häuschen, ja möglicherweise, schon bewohnbar, auch das
Haus!

„Schwarzenfels"
12. September 1899

Mahler war auf zwei Tage hier und hat den Vertrag zum
Grundkauf für sein Haus und Häuschen nun wirklich unter=
schrieben. Auch mit dem Baumeister ist schon alles ab=
gemacht.

Ich erwartete Mahler in Klagenfurt, wo er morgens ankam.
Von dort fuhren wir mit einem Einspänner nach Mayernigg,
wobei wir bequem plaudern konnten. Die Geschäfte der
Oper gingen trotz Kainz, dem neuen „Star" des Burgtheaters,
sehr gut. Das Sängerpersonal hat einen Bestand erreicht,

wie ihn die Oper noch nie besessen. Endlich hat Mahler auch einen eigenen Mezzosopran in der Hilgermann gewonnen, die vortrefflich in sentimentalen und naiven Partien ist. Einen geradezu durchschlagenden Erfolg hatte die Kurz als Mignon, in der er nun ein jugendlich=lyrisches Talent hat, wie er es braucht.

„Was mich von allen guten Neuigkeiten aber am meisten freut," rief Mahler aus, „das ist die Verlängerung der Opern= ferien bis zum 15. August, die ich durchgesetzt habe."

Die zwei Tage auf „Schwarzenfels" vergingen außer den geschäftlichen Erledigungen mit vielfachem Abgehen und immer wieder Besehen von Mahlers Gründen. Dann wurde die „Villa Antonia" für den nächsten Sommer gemietet, die nur zwanzig Minuten vom Platze seines Häuschens entfernt ist.

SPIELJAHR 1899/1900

Schaffensqualen

Als am Abend meiner Ankunft in Wien Mahler und ich noch spazieren gingen, sagte er mir, daß er mit wahrem Schauder an die Zeit in Aussee denke, an die Folterqualen, die er in den letzten Tagen ausstand, wenn er morgens an die Arbeit ging, die turmhoch vor ihm dastand, ein Riesen= werk im ersten flüchtigen Entwurf. „Werde ich ihn fest= halten und in diesen wenigen Tagen mir retten können? Wie lange ist's noch bis zum Anfang der verfluchten Kurmusik?" Und der Gedanke daran versetzte ihn so in Aufregung, in ein solches physisches Angstgefühl, daß es ihn wie ein Schwindel überkam, der sich ihm unter dem Bilde eines wirklichen Erlebnisses darstellte. Er war nämlich vor einiger Zeit mit Justi und Rosé auf den „Sattel" gestiegen, um von da nach Alt=Aussee zu gelangen. Beim Abstiege, wo die beiden ihm vorausgingen und er sie auf dem steilen, doch keineswegs besonders schwierigen Pfad einen Augenblick scheinbar ins Bodenlose vor sich treten sah, wurde er, der den Schwindel nicht kannte, von einem solchen Anfall erfaßt, daß ihm beinahe die Sinne schwanden und er umzusinken drohte. Justi, die ihn so totenbleich sah, erschrak nicht wenig, und man kehrte sofort um, als sie die Ursache davon erfuhren. — Dieses selbe Schwindelgefühl im Angesichte eines nicht zu Überwindenden überkam ihn jetzt und es steigerte sich in den letzten Tagen so sehr, daß er die Arbeit ganz stehen lassen mußte.

„Daß ich an der Ausführung scheiterte, ist mir noch nie ge= schehen, aber beim Entwerfen geriet mir die Erfindung oft ins Stocken. Doch diesmal quoll und floß es mir so reichlich zu, daß ich gar nicht wußte, wie alles aufzufangen, und fast in Verlegenheit war, wie es unterzubringen sei. Und mit diesem schrecklichen Mißton mußten die Ferien enden, wovon mir

125

das Schlimmere, die Angst, noch geblieben ist, daß mich
dieser furchtbare Schwindel immer erfassen wird, wenn ich
an die Arbeit gehen will. Und so werde ich zwar mein
Häuschen und die Ruhe und alles, was wohl tut, nun haben,
aber — der Schaffende wird fehlen!"

Über die „Pastorale"

Mahler sagte über die „Pastorale": „Nur an zwei Stellen
bricht das subjektive Gefühl Beethovens, des Individuums,
durch, überall sonst spricht allein die Natur daraus. Es sind
zwei Takte im Zweiten Satz und vier im letzten: da, wo in
leidenschaftlichster Rührung sein Inneres überquillt. Zu
diesen persönlichsten Stellen, so möchte man sie nennen, muß
das Ganze hindrängen und als Untergrund für sie sich
aufbauen."

Von der Invention

Bei Gelegenheit eines philharmonischen Konzertes*) äußerte
sich Mahler über die Symphonie „Aus Italien" von Strauß:
„Nur im letzten Satz schafft das entzückende Motiv des
italienischen Volksliedes für den Autor einen Inhalt. Auf
dieses Motiv hin, das ich als Lied vorher nicht kannte, hielt
ich Strauß, als ich die Symphonie zuerst hörte, für ein Genie.
Und es ist wahrhaftig eine geniale Invention. Hätte ihr
Urheber, den ich gerne kennen wollte, vielleicht bei uns, im
Lande der Symphoniker, und als Deutscher das Licht der
Welt erblickt, wäre ein großer Komponist aus ihm geworden.
Man stelle sich nur nicht vor, daß ein wirklich bedeuten=
der künstlerischer Gedanke einem durch Zufall in den Schoß
fiele! Wenn irgend etwas, ist die Invention ein Zeichen
göttlicher Begnadung; könnte einem dergleichen zufallen wie
der Gewinst dem Spieler in der Lotterie, so brauchte man
ja nur recht viel zu setzen (spielen!), und vielleicht wäre
zufällig einmal etwas ganz Bedeutendes darunter. Aber da
ist aller Einsatz vergeblich; hat einer das große Los nicht

---

*) Vom 19. November 1899.

126

vom Himmel schon in die Wiege bekommen, wird es ihm kein blinder Zufall schenken!"

Der lebendige Beethoven

Aus einer Probe kommend, erzählte Mahler: „Heute hab' ich dem Orchester beim letzten Satz von Beethovens Zweiter eine Generalpauke gehalten, die sie begriffen zu haben scheinen. „Sehen Sie sich", sagte ich ihnen, „diese Stelle an: wo ist da die ‚monumentale Ruhe' und wo der ‚Schwung', den Sie bei Beethoven immer, und so oft am falschen Platze, anzu= wenden gewöhnt worden sind? Hier ist Anmut, ist Humor, da Zartheit, dort verhaltenes Sentiment. Jetzt aber kommt eine leidenschaftliche Stelle, ein Crescendo sondergleichen und der höchste Schwung: da müssen Sie ganz anders ins Zeug gehen und alles niederfegen durch die Intensität, die Wärme und Größe Ihres Spiels!"

Die „Meistersinger"
Aufführung am 27. November 1899

Mahler, der die „Meistersinger" neu einstudiert, ist so entzückt davon, als ob er sie heute kennen lernte. „Die Furcht, daß sich einem das Werk, wenn man es zu oft hört, abnützen könnte, hat sich zum Glück als völlig unbegründet erwiesen. Die paar Jahre, die ich es nicht dirigiert habe, genügten, daß es mir so viel, ja mehr ist als nur je. Und ich sage euch, das ist ein Werk! Wenn die ganze deutsche Kunst unterginge, ließe sie sich daraus erkennen und rekon= struieren. Daneben möchte einem alles fast nichtig und über= flüssig erscheinen."

Nach drei Orchester= und drei Bühnenproben hat Mahler die „Meistersinger" gestern — zum erstenmal ohne jeden Strich — zur Aufführung gebracht. Die Vorstellung, welche um ½7 Uhr begann und um ½12 Uhr endigte (mit einer Pause von 20 Minuten nach dem Zweiten Akt) war voll= ständig ausverkauft und von diesem ganzen Publikum sah

man keinen zu spät kommen oder vor dem Schlusse weg‚
gehen.

Vom Vorspiel an, das mit unerhörter Macht und Größe
und ebensolcher Zartheit und Innigkeit wie voll Humor er‚
klang, wich die Spannung und Entzückung der Hörer keinen
Augenblick. Sie gaben ihr nach dem Vorspiel in tosendem
Beifall Ausdruck, in den sich jedoch das Zischen und Pfeifen
einer Anzahl von Jungen auf der Galerie mischte, die offen‚
bar eine „antisemitische“ Demonstration ausführen wollten.
Dagegen wandte sich das ganze übrige Publikum mit stärkerem
und immer erneutem Applaus; die Störenfriede zischten und
pfiffen noch mehr, so daß es in einen alle Stimmung und
Kunst zerstörenden Klatsch‚ und Zischkampf auszuarten
drohte. Mahler schnitt ihn durch rasches Beginnen des Ersten
Aktes ab, was ihm die Kraft des Orchesters hier erlaubte.
Als ihm aber vor dem Dritten Akt ein gleicher Empfang be‚
reitet wurde, wo er die Zartheit des Zwischenspiels sich nicht
verderben lassen wollte, war er dem Rummel wehrlos preis‚
gegeben. Denn so oft er schon die Arme zum Anfang er‚
hob, den Lärm zu bannen, brach immer wieder der Sturm
im Publikum los, daß er ihn schließlich resigniert über sich
ergehen ließ. Nach vorne gebeugt, saß er da, als ob ihn
das alles nichts anginge, und bot das Bild, wie wenn einer
einen unausbleiblichen Platzregen über seinen Rücken ruhig
niederprasseln läßt.

Als Mahler das Haus verließ, erwartete ihn unten ein —
ihm unbekannter — jüngster Verehrer, der auf ihn zu eilte,
sich über seine Hand neigte und, ehe Mahler sich dessen
versah und es wehren konnte, sie küßte.

Erfindung und Gestaltung

Mahler sprach von Verdi. Lange, bis zu seinen letzten Opern,
habe es bei ihm gebraucht, daß er seinen überquellenden
Reichtum an Erfindung zusammenhalten lernte, d. h. die
einzelnen Einfälle nicht mehr bloß hinstreute und, ohne jedes
Verweilen dabei, aneinander reihte, sondern sie festhielt, in‚

dem er ihnen logische Folge gab und sie verarbeitete, aus-
gestaltete und weiterführte, wodurch sie ja erst werden, was
sie sind und wo die Musik in Wahrheit erst ihren Anfang
nimmt.

„Diese Kehrseite einer allzu leichten und reichen Erfindung,
deren scheinbare Überfülle oft nur die Armut und den
Mangel des Schaffenden verdeckt, ist den meisten Opernkomponisten eigen. In deutschen Werken ist es am auffallendsten bei Lortzing; aber auch Weber war keineswegs
frei davon. Welch ein himmelhoher Unterschied, welche
Vertiefung und Vollendung der Musik ist dagegen bei Beethoven und Wagner!"

Vereinsamung

„Nur durch das Temperament", sagte Mahler, „wird alle
Wirkung beim Publikum erzielt. Man kann es täglich in
der Oper und bei den Konzerten erfahren. Auch bei meinem
musikalischen Reproduzieren ist es nicht anders. Was sie
sonst davon verstehen, ist blutwenig: aber mein Temperament,
das kapieren sie und das reißt sie mit fort."

Über den Dirigenten Rottenberg äußerte er sich, daß er in
der Probe zu „Don Juan" alles sauber und gewissenhaft aus-
führe und besser als all die anderen: „Aber von dem wahren,
lebendigen Geist eines Werkes, wie in heller Klarheit und
lebendiger Wahrheit mir die Seele davon voll ist, finde ich
auch bei ihm nichts. Und ich muß endgültig lernen, mich
abzufinden. Das Werk bleibt ein Buch mit sieben Siegeln,
wenn nicht, alle heiligen Zeiten einmal, ein Schaffender
kommt, der es auftut.

Wie schmerzlich aber ist es, diese Werke lebendig begraben
zu sehen, und wie fürchterlich auf der anderen Seite die
wachsende Vereinsamung, deren man sich immer mehr bewußt wird! Man möchte sich am liebsten gar nicht mehr
in die Welt begeben, denn jede Hoffnung, ein Verständnis
zu finden, ist irrig und eitel. So ekelt mich nicht nur die
Oper an, selbst die Konzerte möchte ich hinwerfen. Nur

selbst schaffen, das wollte ich, und das könnte ich trotz
alledem nicht aufgeben. Aber nicht für die Welt, die es
noch weniger als alles andere aufnehmen und verstehen wird —
dazu habe ich mir selbst den Weg zu ihnen zu sehr ver‹
schlossen: nur für mich mache ich, was ich schaffe."

Problem der Symphonien Beethovens

Mahler beim Studium von Beethovens C‹Moll‹Symphonie:
„Wegen der Anfangsfermaten möchte ich sie nicht machen.
Ich habe meine Sicherheit darin verloren, seit man in Ham‹
burg fand, daß ich sie zu lange aushielt.

Jeder Halt muß sich meiner Überzeugung nach im geraden
Verhältnis zum Takt des Stückes einteilen lassen: entweder
ist er doppelt oder viermal so lang wie dieser.

Was Beethoven mit der Schreibweise gemeint, daß er vor
die erste Fermate noch einen ganzen Takt gesetzt, erscheint
mir vollständig unklar. Ob er sich hier nicht selbst einmal
in der Ausdrucksweise geirrt haben könnte? Das aber dünkt
mir ausgeschlossen bei so einem wie er, bei dem Alles Licht,
Alles Klarheit und größte Bewußtheit ist. Jedes gering‹
fügigste Zeichen steckt einem bei ihm eine Leuchte auf."

Über den Ersten Satz der C‹Moll‹Symphonie sagte Mahler
auch, er müsse voll Kraft und Macht, aber auch eilig‹stür‹
mischester Bewegtheit sein. Gleich der Anfang beginnt im
wilden Ansturm und ist, als ob ein Riese mit seiner Faust
ihm Einhalt täte in den Fermaten darauf. „Das Wort, welches
man Beethoven über diesen Ersten Satz in den Mund legt:
So klopft das Schicksal an die Pforte — erschöpft mir lange
nicht den ungeheuren Inhalt. Eher könnte er davon gesagt
haben: Das bin ich!"

Im Anschluß an diesen Zweiten Satz sagte Mahler: „Der
Kräftigste ist immer auch der Zarteste, das kann man an
Beethoven hier — wie überall — sehen: natürlich, weil die
Intensität des ganzen Menschen, seines tiefsten Schauens und
Empfindens, sich nach allen Seiten hin erstreckt."

Weiter sagte Mahler: „Von den Beethovenschen Sym‹

phonien lassen sich noch die Erste, Zweite und Vierte durch die heutigen Orchester und Dirigenten allenfalls ausführen, alle andern aber sind bei ihnen unmöglich und unter ihren Händen verloren. Die brachte nur Richard Wagner heraus (der übrigens der Entdecker aller Beethoven-Symphonien genannt werden kann) und heute ich. Und auch mir gelingt es nur durch den Terrorismus, durch den ich jeden einzelnen zwinge, aus seinem kleinen Ich herauszufahren und über sich selbst hinauszuwachsen."

„Beethovens Symphonien sind ein Problem, das für den gewöhnlichen Dirigenten einfach unlösbar ist. Ich komme immer mehr dahinter. Sie bedürfen unbedingt der Interpretation und Nacharbeitung. Schon die Zusammensetzung und Stärke des Orchesters macht das nötig; zu Beethovens Zeiten war das ganze Orchester nicht so groß wie heute die Streicher allein. Wenn nun die übrigen Instrumente nicht ins richtige Verhältnis dazu gebracht werden, kann es nicht richtig herauskommen. Wagner wußte das ganz genau; aber auch er mußte deswegen die ärgsten Angriffe erfahren."

Bei der vorjährigen Aufführung der Neunten unter Mahler in Prag machte Batka*) ihn auf die merkwürdige Übereinstimmung alles dessen aufmerksam, was er bei den Proben sagte und vom Orchester verlangte, und dem, was Wagner nach Mitteilungen seiner Zeitgenossen darüber geäußert hat. Batka, der diese Aussprüche gesammelt hat, notierte auch Mahlers Bemerkungen und zeigte ihm beides.

Mahler sagte mir darüber: „Überall das gleiche gewollt und meist auf die gleiche Weise zum Ziele gelangt; manchmal von ganz entgegengesetzten Seiten dasselbe Ziel angestrebt und erreicht — nie einander widersprochen!"

---

*) Richard Batka, Kritiker in Prag.

Von der Tradition
12. November 1899

Heute vormittag wurde Mahler seine Zweite Symphonie zu acht Händen in dem Bockletschen Arrangement vorgespielt. Obwohl sich lauter tüchtige Spieler an der Ausführung beteiligten, die alle von dem Werk begeistert sind und es voriges Jahr unter Mahler selbst gehört haben, war die Wiedergabe für diesen doch eine Pein, die ihm, wie er sich ausdrückte, wieder einige „Seifensieder aufgesteckt" habe.

Die Tempi waren vergriffen, Vortrag und Phrasierung oft so verfehlt, daß alles wie in einem Chaos verschwand. „Und das ist von einem geleitet und einstudiert, der sich einbilden und behaupten wird, im Besitze der unmittelbaren ‚Tradition' zu sein! Daraus kann man lernen, wie es um alle Tradition steht: es gibt eben keine! Alles ist der Willkür des einzelnen überlassen, und wenn nicht ein Genius sie erweckt, sind die Werke verloren. —

Ich begreife nun vollkommen, daß Brahms die Leute seine Werke spielen ließ, wie sie wollten. Er wußte, daß doch alles umsonst sei, was er ihnen sage. Es ist tieftraurige Erfahrung und Resignation, die aus dieser Tatsache spricht."

Mahler über seine Zweite Symphonie

Im Anschluß an diese Vorführung seiner Zweiten sagte Mahler: Es sei ihm erst heute beim Zuhören aufgefallen, daß im Scherzo der schönste Passus, das ruhige Thema des Mittelsatzes zwischen der wogenden Brandung dieses Stückes, nur einmal und nicht wieder komme, was im ersten Augenblick wie eine unbegreifliche Verschwendung erscheine. Und in der Tat hätte es sich nicht leicht einer entgehen lassen, das schöne, frische Motiv auszunützen und in anderer Tonart oder abweichender Fassung wieder zu bringen. Das wäre aber wider das Wesen dieser Stelle gegangen, welche nur in der einzigen Blüte — der Aloe vergleichbar — sich entfalten durfte.

Über Brahms und Beethoven

Philharmonisches Konzert vom 3. Dezember 1899

Mahler brachte im heutigen philharmonischen Konzert die F≈Dur≈Symphonie von Brahms, „Die Waldtaube" von Dvořák und Beethovens Ouvertüre „Die Weihe des Hauses".

Von der Brahms≈Symphonie, die wunderbar gespielt wurde, ist Mahler entzückt. Es fehle ihr nur in der instrumentalen Setzung an Glanz, was mit einiger Nachhilfe in der In≈ strumentation zu beheben wäre. „Auch fühlte ich die größte Begierde, außerdem da und dort etwas herauszubosseln, woran mich jedoch das innere Widerstreben hinderte, dem vor kurzem noch Lebenden nachzugreifen, und das äußere Bedenken, wie Kritik und Publikum über mich herfallen würden!"

Mahler behauptet, daß Brahms nur aus Eigensinn und Widerspruch gegen Wagner sich so vieler Vorteile und Fort≈ schritte in der Orchestrierung nicht bediente; in seinen Kammer≈ musikwerken fehlen sie durchaus nicht, im Gegenteil, er erweise sich als Meister darin.

„Zur wesentlichen Besserung in der Tonwirkung und zur ̣ Erlangung jenes hinreißenden Tonglanzes der Violinen führt es, wenn man bei hellen und dominierenden Stellen die zweiten Geigen unisono mit den ersten gehen läßt. Und das ist durch die Steigerung der Zahl allein nicht zu erklären; es muß auf einem akustischen Gesetze beruhen, daß die von beiden Seiten sich begegnenden Schallwellen eine so lebhafte Klang≈ und Glanzwirkung erzeugen."

Über Brahms sagte Mahler später noch: „Alle Fesseln zu durchbrechen und über Leid und Leben dieser Erde hinaus im höchsten Flug in andere, freiere, leuchtendere Welten≈ kreise sich zu erheben, das ist Brahms' Sache nicht, der mit seinem Gegenstande, in wie tiefer, inniger und eigenartiger Weise er ihn auch behandelt, doch immer in dieser Welt und diesem Leben, ohne den höchsten Ausblick, befangen bleibt, daher können und werden seine Werke auch nie die größte und letzte Wirkung ausüben."

Bei der Beethovenschen Ouvertüre, sagte Mahler, habe er sich erst wieder ganz in seinem Element gefühlt, gleich Antäus, der wieder die Erde unter seinen Füßen spürt. „Da zweifle ich nicht, wie ich etwas zu machen habe, während ich bei den andern in Sorge bin und mich beinahe tastend verhalte, wie ihnen alles nur recht und völlig in ihrem Sinne zu machen sei. Bei Beethoven und Wagner dagegen weiß ich genau: so ist es und muß es sein.“

„Pastorale“
Tempo des Zweiten Satzes

Im vierten „Philharmonischen“ machte Mahler die „Pastorale“ so, wie sie wohl noch nie erklungen. Allgemeines Erstaunen erregte sein langsames Tempo des Zweiten Satzes. Hirschfeld erzählte in seiner Kritik nach dem Konzert, daß diese Temponahme Mahlers der Anlaß gewesen sei, der Bezeichnung „molto moto“ nachzugehen, wobei sich herausstellte, daß es eine solche nicht gebe und daß sie nichts heiße. Es sei wahrscheinlich, daß „moderato“ gemeint und von Beethoven in die Originalpartitur gesetzt, dann aber irgendwie zu dem sinnlosen Wort „molto moto“ verballhornt worden sei.

Noch wahrscheinlicher aber ist, worauf der Cellist Sulzer kam. Wie man für Allegro häufig All⁰ geschrieben findet, mag Beethoven Mo⁰ als Abkürzung für Moderato hingesetzt haben, was als „Moto“ verstanden und überall abgedruckt wurde, so daß durch ein halbes Jahrhundert hindurch das Tempo vergriffen werden konnte.

„Gemächlich dahinfließend wie ein Bächlein muß es sein,“ sagte Mahler, „nicht ‚sehr bewegt‘, was dem Inhalt völlig widerspricht. Dann nur hat all das wundervolle Musizieren und Jubilieren Raum zur vollen Entfaltung darin, und es wird keine Klage laut werden, daß es zu lang sei, sondern man wird ihm unermüdlich zuhören wie dem murmelnden Bache selbst.“

Marie Gutheil-Schoder

Gestern abend trat die Gutheil-Schoder in „Carmen" ihr Engagement an, eine Darstellungskünstlerin allerersten Ranges und ein „musikalisches Genie", wie Mahler sie nennt.

Mahler ist ganz glücklich, eine solche Künstlerin gefunden zu haben. „Und so muß ich dem Größten und Besten immer wieder in Frauen begegnen. Die Schoder und die Mildenburg, diese beiden ragen himmelhoch über alle andern empor und lassen einen nicht daran verzweifeln, daß es überhaupt noch Natur und Talent und nicht nur Affektation, Schminke und Verlogenheit auf der Bühne gibt."

Ein andermal sagte er noch von der Schoder: „Da hast du wieder das Geheimnis der Persönlichkeit, in dem alles, was einer ist, verborgen liegt. Sieh diese auf den ersten Blick unscheinbare Frau mit ihrer mäßigen Stimme und der sogar unsympathischen Mittellage — und jeder Ton ist Seele und in jeder Miene und Bewegung liegt eine Offenbarung des Charakters, den sie darstellen will und den sie aus dem Mittelpunkt heraus begreift und in allen seinen Zügen um schreibt, wie es nur der Genius eines schöpferischen Wesens vermag."

SOMMER 1900

Am 21. Juni kam Mahler mit Arnold Rosé, etwas blaß aus-
sehend, doch glücklich, Paris*) entronnen zu sein, am Wörther See an. Noch denselben Abend in sein Waldhäuschen.
Seinen Wunsch, dort zu frühstücken (den Justi wegen der
größeren Entfernung und Schwierigkeit, von der „Villa Antonia", ob schön, ob Regen, alles hinauftragen zu lassen,
ihm auszureden gehofft) hat er mit Vehemenz durchgesetzt.

Mahler konnte die erste Woche seines Mayernigger Aufenthaltes nicht gleich zur Arbeit kommen wie sonst (etwa im
Steinbacher Häuschen, wo ihn oft schon in den ersten vier-
undzwanzig Stunden seine Produktivität erfaßte). Er war
darüber ganz verstimmt, ja verzweifelt, meinte, er werde nie
mehr etwas machen, und sah schon seine abergläubische Furcht,
daß er nun zwar das Haus zum Komponieren habe, aber
nichts mehr werde schreiben können, grausam verwirklicht.

Schuld daran war natürlich seine körperliche Indisposition,
die ihn von Paris her verfolgte, noch mehr aber wohl der
Gegenstand seines heurigen Schaffens, den er aus den vorjährigen Skizzen seiner Entwürfe zur Vierten Symphonie wieder
aufgreifen mußte. Nach dem jähen Abbruch am Ende der
Ausseer Ferien sich jetzt wieder hineinzuversetzen und die
Arbeit im ursprünglichen Flusse fortzuführen, war vielleicht
das Schwerste, was er noch je geleistet.

Als er dann zu arbeiten begann (ich glaube, da er tiefstes
Stillschweigen darüber beobachtete, an seinem Geburtstage),
war er von 7 Uhr früh bis 1 Uhr — später gar acht bis zehn
Stunden — in seinem Häuschen und hielt es, dank dem herr-
lich-milden Klima und der köstlichen Luft im Walde, besser
aus als sonst.

---

*) Wo gelegentlich der Weltausstellung die Wiener Philharmoniker
unter Mahlers Leitung zu Beginn des Sommers Konzerte gegeben hatten.

Hans Rott

Mahler sprach über Hans Rott, dessen Symphonie er sich zum Durchsehen für eine eventuelle Aufführung in den philharmonischen Konzerten mitgenommen hat:

„Was die Musik an ihm verloren hat, ist gar nicht zu ermessen: zu solchem Fluge erhebt sich sein Genius schon in dieser Ersten Symphonie, die er als zwanzigjähriger Jüngling schrieb und die ihn — es ist nicht zu viel gesagt — zum Begründer der neuen Symphonie macht, wie ich sie verstehe. Allerdings ist das, was er wollte, noch nicht ganz erreicht. Es ist, wie wenn einer zu weitestem Wurfe ausholt und, noch ungeschickt, nicht völlig ans Ziel hintrifft. Doch ich weiß, wohin er zielt. Ja, er ist meinem Eigensten so verwandt, daß er und ich mir wie zwei Früchte von demselben Baum erscheinen, die derselbe Boden gezeugt, die gleiche Luft genährt hat. An ihm hätte ich unendlich viel haben können und vielleicht hätten wir zwei zusammen den Inhalt dieser neuen Zeit, die für die Musik anbrach, einigermaßen erschöpft."

Mahler erzählte weiter, daß Rott diese Symphonie im Piaristenkloster geschrieben, wo er mit dem kleinsten Gehalt eine Stelle als Organist bekleidete. Da hatte er ein kleines, allerstillstes Zimmer. Mahler kam damals oft zu ihm, schlief sogar manchmal bei ihm in seiner Zelle. Er erinnerte sich noch, daß Rott zur Stillung seines Hungers, wenn er gerade „bei Geld" war, einen ganzen Kranz Extrawurst kaufte, die dann im Zimmer auf einem Nagel an der Wand hing, bis sie verschlungen war. Später verlor Rott leider diese Stelle, und zwar auf höchst kränkende Weise: die Mönche, die ihm spinnefeind waren, beschuldigten ihn des Diebstahls und Verkaufs von Büchern aus dem Archiv. Seine Unschuld stellte sich erst später, schon in der Zeit seines Wahnsinns, heraus.

Auch habe Rott höchst eigenartige Lieder komponiert und oft am Klavier den Freunden vorgespielt. Doch hatte er sie leider nicht aufgeschrieben und so sind sie mit ihm untergegangen. Ein Sextett von ihm hat Mahler nie gehört.

Über Schubert
13. Juli 1900

Mahler sagte: „Ich habe mir heute Schuberts ganze Kammermusik durchgelesen. Da trifft man unter zwölf Werken höchstens vier gute. So sind auch bei achthundert Liedern vielleicht achtzig vollständig schöne, was allerdings genug ist. Aber hätte er lieber nicht all dieses Unbedeutende gemacht, auf das hin man ihm, wenn man bei dem anderen auch noch so begeistert war, beinahe das Talent absprechen müßte!

Das kommt daher, weil sein Können lange nicht an seine Empfindung und Erfindung heranreicht. Wie leicht macht er es sich mit der Durchführung! Sechs Sequenzen folgen aufeinander und dann noch eine in anderer Tonart. Keine Verarbeitung, keine künstlerisch vollendete Ausgestaltung seines Vorwurfs! Statt dessen wiederholt er sich, daß man ohne Schaden die Hälfte des Stückes wegstreichen könnte. Denn jede Wiederholung ist schon eine Lüge. Es muß sich ein Kunstwerk wie das Leben immer weiter entwickeln. Ist das nicht der Fall, so fängt die Unwahrheit, das Theater an. Denn Schuberts Melodie ist ja schon die ewige, wie bei Beethoven und Wagner. Drum darf er sich nicht mit dem Haydn-Mozartschen Formalismus helfen, auf dem deren Werke noch ganz der Wahrheit gemäß aufgebaut waren.

Jetzt begreife ich, daß Schubert, wie man erzählt, noch kurz vor seinem Ende Kontrapunkt studieren wollte. Er empfand, wie der ihm fehlte. Und ich kann ihm das nachfühlen, weil mir selbst dieses Können und ein richtiges, hundertfältiges Üben im Kontrapunkt aus der Lernzeit so abgeht. Da setzt nun an dessen Stelle bei mir allerdings der Intellekt ein, aber der Kräfteaufwand, der dazu erfordert wird, ist unverhältnismäßig groß."

Barbarei der Umwelt

In seinem Häuschen, über das er ganz glücklich ist, fehlt es doch manchen Tag an Störungen nicht. Die Vögel bedrängen ihn, trotz Vogelscheuchen und blindem Schießen, mit ihrem Gesang; man hört das Bellen der Theuerschen Hunde, der Klang eines Werkels (Drehorgel) oder Militärmusik vom anderen Ufer tönt zuweilen hinauf. Vom Ort haben ihm die Gasthausgäste eine Kapelle böhmischer Musikanten vors Haus gesandt und eigens bezahlt, daß sie dort eine Stunde spielen sollten. Solchen Überfällen und Roheiten ist er um so mehr ausgesetzt, als die Leute wissen, welche Veranstaltungen er zu seiner Ruhe hier getroffen hat, die sie höchst absonderlich, ja wahnsinnig bedünken und ihnen zur Zielscheibe ihres Witzes taugen.

Mahler sagte: „Wir sind noch an allen Ecken und Enden von einem solchen Barbarismus umgeben, daß man gar nicht dagegen aufkommen kann. Was es heißt, die persönliche Freiheit eines Menschen zu achten, davon haben die meisten keine Ahnung. Alles dient ihnen nur zur Befriedigung ihrer nächsten, kindischen Lust, wie sie die Blumen ausraufen, Tiere sinnlos töten und sammeln und dergleichen mehr. Ich komme immer mehr dazu, nur die Tauben und Blinden für glücklich zu halten, denen diese elende Welt verschlossen ist, und ich könnte einen Musiker begreifen, der sich des Gehörs beraubt, wie sich Demokrit geblendet haben soll."

Aus einem Briefe vom 26. Juli

Mahler ist höchst erfrischt und gesundet aus dem Ampezzotal heimgekehrt, wo er sich wie toll herumgetrieben und die paar Tage unglaublich ausgenützt hat. Seitdem arbeitet er in seinem Häuschen von 7 bis 12 und von 4 bis 7 Uhr (von heute an nur wieder fünf Stunden am Vormittag), so bedrängt ihn das gewaltige Pensum, das er in seiner Vierten Symphonie zu bewältigen hat.

Aber Ihr müßtet auch die Lage sehen, ja nur den Weg zu seinem Häuschen! Von allen Wundern und allem Grauen des Waldes ist er da umfangen, wie nur einer, der Stunde um Stunde drin lebt. Das Gefühl, wenn er hier seine beiden Gittertore hinter sich zuschließt, könne ihm niemand nach

fühlen. Hier übertrifft es an Ruhe und Sicherheit und dio-
nysischen Wundern und Entzückungen bei weitem selbst das
von ihm so geliebte Steinbacher Wiesen-Häuschen. Hier arbeitet er bei allen vier weit offenen Fenstern und atmet so fortwährend die köstlichen Waldeslüfte und -düfte ein (indes er in
Steinbach nur hinter doppelten Türen und Fenstern die doch
noch zudringlichen Laute abzuhalten vermochte). So sagte
Mahler auch gestern, daß er noch niemals das Glück des
Sommers, das Glück seines Schaffens so genossen hätte wie
heuer.

Das Geheimnisvolle der Kunst

„Was im Kunstwerk wirkt," sagte Mahler, „wird vor allem
immer das Geheimnisvolle, Inkommensurable sein. Über-
siehst du ein Werk ganz, so hat es seinen Zauber, seine
Anziehungskraft verloren — wie auch der schönste Park,
wenn du alle seine Wege kennst, langweilig auf dich wirken
kann, daß du nicht mehr in ihm spazieren gehen magst (es
sei denn, um Bewegung zu machen, nach Karlsbader Wasser!)."

Das Unfaßbare der Natur

Mahler zitierte aus einem Briefe einer Freundin, die ganz
begeistert aus dem Gebirge schreibt: Das habe die Natur
vor der Kunst voraus, daß sie sich leicht und willig biete;
sie zu genießen, bedürfe man keines Kommentars.

„Daß die Menschen immer meinen," rief Mahler, „die
Natur liege an der Oberfläche! Was das Äußerlichste an
ihr betrifft, ja! Aber die sind ihr noch nicht auf die Spur
gekommen, die nicht alle Schauer eines unendlichen Geheimnisvollen, Göttlichen im Angesichte der Natur ergreift, das
wir nur ahnen, nicht begreifen und durchdringen können.
Mir fällt dabei das Gleichnis aus der Edda ein: wie die Riesen
dem gewaltigsten Trinker unter ihnen, der wettet, daß er
jedes Maß bewältigen könne, das Meer in sein Methorn
leiten. Da trinkt er und trinkt, und es will nicht weniger
werden, bis er erschöpft das Horn von sich wirft und den

140

Betrug merkt: das unendliche Weltmeer nimmt freilich kein
Ende! — Und eine Spur dieses Unendlichen in der Natur
muß in jedem Kunstwerk, das ein Abbild von ihr sein soll,
liegen."

Mahler auf dem Spaziergang zu mir:
„Du fragst, ob sie Beethoven heute verstehen? Was fällt
dir ein! Weil sie mit seinen Werken aufgewachsen sind, weil
er ,anerkannt' ist, hören, spielen und lieben sie ihn vielleicht,
aber nicht, weil sie seinem Fluge zu folgen vermöchten. Die
können mit ihren Triefaugen nie in die Sonne schauen."

25. Juli

Mahler erzählte: „Heute hat sich mir etwas Merkwürdiges
ereignet. Durch die zwingende Logik einer Stelle, die ich
umwandeln mußte, verkehrte sich mir alles Darauffolgende
derart, daß ich plötzlich zu meinem Erstaunen gewahrte, ich
befinde mich in einem völlig anderen Reiche: wie wenn du
meinst, in blumigen elysischen Gefilden zu wandeln, und
siehst dich mitten in die nächtlichen Schrecken des Tartaros
versetzt, daß dir das Blut in den Adern gerinnt. — Und
Spuren und Emanationen solcher mir selbst grauenerregender,
geheimnisvoller Welten gibt es in meinen Werken viele.

Diesmal ist es auch der Wald mit seinen Wundern und
seinem Grauen, der mich bestimmt und in meine Tonwelt
hineinwebt. Ich sehe immer mehr: man komponiert nicht,
man wird komponiert!"

Vom zweiten Ich

„Man weiß," sagte Mahler, „daß unser zweites Ich im
Schlafe tätig ist, das wächst und wird und hervorbringt, was
das wahre Ich vergeblich suchte und wollte. Dafür hat besonders der Schaffende unzählige Beweise. Daß dieses zweite
Ich aber über zehn Monate Winterschlafs (mit all den
furchtbaren Träumen des Theatergetriebes) an meiner Vierten
Symphonie gearbeitet hat, ist unglaublich!

Denn weiter und fertiger, als ich sie voriges Jahr in Aussee stehen lassen mußte, greife ich sie heuer wieder auf, ohne mich auch nur einen Augenblick bewußt mit ihr befaßt zu haben; vielmehr floh ich sogar den Gedanken daran, so unbefriedigend und schmerzhaft war er mir. Mein eigentliches Ich aber hat sich wahrscheinlich bei diesem Scheinleben, das ich führe, gesagt: ‚Das alles ist dummes Zeug, davon lasse ich mich nicht berühren‘, und hat sich in den letzten Winkel meiner Seele, zu sich selbst und seinem, das ist meinem eigenen höheren Leben geflüchtet.“

Es sei hier auch ein früheres Beispiel erwähnt, das mir Mahler — ich glaube aus seiner Leipziger Zeit — erzählte. Es war eines Abends, als ihm von seinem Lied „Ringelreihn“*) die zweite Strophe und die Musik dazu einfiel. In derselben Nacht wachte er plötzlich auf, und es standen die erste und dritte Strophe in Tönen und Worten so klar vor seiner Seele, daß er es augenblicks notierte. Am Morgen fand er es so, daß nicht das Mindeste daran zu ändern war. (Es war dies das erste Lied, das er für wert hielt, es festzuhalten und später drucken zu lassen.)

Heute wurde Mahler auf der Landstraße von einem Gendarmen angehalten: „Kamerad, wo geht die Reise hin?“ So vagabundenmäßig kam ihm Mahler offenbar vor mit seinem schwarzen Bartstoppelgesicht, dem offenen Hemd, natürlich ohne Rock darüber, und den unqualifizierbaren langen Beinkleidern, ohne Hosenträger oder Gurt. Erst als Mahler antwortete, er wohne hier, schien der Mann an dessen Sprache seinen Irrtum zu erkennen und entließ ihn in Gnaden, ohne Visitation und ohne ihn — einzustecken.

Um die Wette

Mahler erzählte mir, wie er sich bei dem Beginn seiner Vierten hier vorgenommen habe, mit dem Bau seines Hauses um die Wette zu arbeiten. Zuerst war er ganz verzweifelt,

*) Unter dem Titel „Hans und Grete“ in den „Liedern aus der Jugendzeit“.

daß ihm dieser schon so weit zuvorgekommen, bald aber hatte er ihn eingeholt und jetzt ist er ihm weit voraus, dem Ende seiner Symphonie nahe, während die Villa nicht früher als zum Schluß des Sommers fertig dastehen wird.

Gespräche über die Vierte Symphonie

Mahler teilte uns als erste Details über seine Vierte Symphonie mit, daß sie in G≠Dur ist und 45 Minuten dauert (also nicht länger als der Erste Satz der Dritten!).

„Eigentlich", sagte er mir schon früher darüber, „wollte ich nur eine symphonische Humoreske schreiben, und da ist mir das normale Maß einer Symphonie daraus geworden — während früher, als ich dachte, daß es eine Symphonie werden sollte, es mir zur dreifachen Dauer — in meiner Zweiten und Dritten — wurde."

Zu den drei Sätzen, welche Mahler diesen Sommer vollendet hat, bildet „Das himmlische Leben" den Schlußsatz. Er nannte ihn die sich ganz verjüngende Spitze von dem Bau dieser Vierten Symphonie.

„Was mir hier vorschwebte, war ungemein schwer zu machen. Stell dir das ununterschiedene Himmelsblau vor, das schwieriger zu treffen ist als alle wechselnden und kontrastierenden Tinten. Dies ist die Grundstimmung des Ganzen. Nur manchmal verfinstert es sich und wird spukhaft schauerlich: doch nicht der Himmel selbst ist es, der sich trübt, er leuchtet fort in ewigem Blau. Nur uns wird er plötzlich grauenhaft, wie einen am schönsten Tage im lichtübergossenen Wald oft ein panischer Schreck überfällt. Mystisch, verworren und unheimlich, daß euch dabei die Haare zu Berge stehen werden, ist das Scherzo. Doch werdet ihr im Adagio darauf, wo alles sich auflöst, gleich sehen, daß es so bös nicht gemeint war."

Von diesem Zweiten Satz, dem Scherzo, sagte Mahler noch, er sei der einzige, der in der Art an Früheres von ihm — an das Scherzo der Zweiten — erinnere und Neues in alter Form bringe.

Trotz dem gleichbleibenden Tenor des Ganzen herrsche die größte Beweglichkeit der Rhythmen und Harmonien — und erst welche Polyphonie! — in diesem Werke. Ja, oft wechseln kaleidoskopartig die tausenderlei Steinchen des Gemäldes, daß wir es in nichts wieder zu erkennen vermögen. Wie wenn uns ein Regenbogen plötzlich in die Milliarden seiner tanzenden, immer wechselnden Tropfen zerfiele und damit sein ganzer Bau zu schwanken und sich aufzulösen schiene. Dies gilt besonders von den Variationen im Andante, über die Mahler sagte, es seien die ersten richtigen, die er geschrieben, d. h. die ersten so durch und durch verwandelten, wie er sich Variationen denke. Er nennt es sein schönstes Andante, ja sein Bestes überhaupt. „Es geht eine göttlich heitere und tief traurige Melodie durch das Ganze, daß ihr dabei nur lachen und weinen werdet."

Er sagte auch, es trage die Gesichtszüge der heiligen Ursula (von der im „Himmlischen Leben" des Vierten Satzes gesungen wird). Und als ich ihn fragte, ob er über die Heilige etwas wisse und ihre Legende kenne, sagte er: „Nein; sonst wäre ich gewiß nicht imstande und in der Stimmung gewesen, mir ein so bestimmtes und herrliches Bild von ihr zu machen."

Einmal nannte er das Andante auch das Lächeln der heiligen Ursula und sagte, daß ihm dabei aus der Kindheit das mit tiefer Traurigkeit und wie durch Tränen lachende Antlitz seiner Mutter vorschwebe, die auch unendlich gelitten, aber alles immer liebend aufgelöst und vergeben habe.

Von einer Benennung des Werkes in den einzelnen Sätzen, wie in früheren Zeiten, will Mahler nichts mehr wissen. „Ich wüßte mir wohl die schönsten Namen dafür, doch werde ich sie den Trotteln von Richtenden und Hörenden nicht verraten, daß sie sie mir wieder aufs albernste verstehen und verdrehen!" —

Mahler spricht von diesem Satze bald als „Adagio", bald als „Andante". Als ich ihn darüber fragte, antwortete er, er könnte es ebensogut Moderato, Allegro oder Presto nennen, denn alles komme darin vor.

„Es ist die größte Farbenmischung, die je da war. Sphärisch ist das Ausklingen zum Schluß, eine fast kirchlich-katholische Stimmung." „In diesem Satz, wie in der ganzen Symphonie", sagte er weiter, „kommt entsprechend seinem Gegenstand kein einziges Fortissimo vor — darüber werden sich die Herren, die immer behaupten, ich arbeite nur mit den stärksten Mitteln, wohl verwundern. Ja, in der ganzen Vierten fehlen die Posaunen." (Am Ende des Adagios hätte er sie zu ein paar Takten gebraucht, doch wollte er sie um derentwillen allein nicht hineinnehmen und behalf sich ohne sie.)

Vom Ersten Satz erzählte Mahler schon unter der Arbeit, daß ihn zwei Anklänge darin ärgern, die ihm hineingeraten sind und die er zu spät bemerkte, um sie zu entfernen: der eine aus einer Symphonie von Brahms (der es aber selbst von Weber hat, „den wir also beide bestohlen haben"), der andere aus einem Klavierkonzert Beethovens. Dieser Satz sei trotz seiner Freiheit mit der größten, fast schulmäßigen Gesetzmäßigkeit aufgebaut. Überhaupt, sagt Mahler, sei dieses Werk artistisch sein vollendetstes; er habe das Gefühl, daß er damit endlich auf der Höhe seines Könnens angelangt sei und wirklich aus dem Vollen schöpfe.

Wie Mahler sich in Gleichnissen über seine Sachen zu ergehen liebt, plauderte er mir auf einer Radfahrt nach Maria Saal darüber aus: „Der Erste Satz beginnt, als ob er nicht bis drei zählen könnte, dann aber geht es gleich ins große Einmaleins und zuletzt wird schwindelnd mit Millionen und aber Millionen gerechnet." Auch daß eine Art „kleiner Appell" (als Seitenstück zum großen im letzten Satz der Zweiten) darin vorkomme, verriet er mir: „Wo die Verwirrung und das Gedränge der erst geordnet ausgezogenen Truppen zu arg wird, versammelt sie ein Machtruf des Kommandanten mit einem Schlage wieder zur alten Ordnung unter seine Fahne."

In Bezug auf die drei vorhergehenden Symphonien betonte Mahler den engen Zusammenhang der Vierten mit jenen, die erst durch diese ihren Abschluß erhalten. Sie seien zu viert dem Inhalt und Aufbau nach eine durchaus in sich geschlossene Tetralogie. Ein besonders enges Verhältnis bestehe zwischen der Dritten und Vierten, da in der letzteren und in dem Satz aus der Dritten: „Was mir die Engel erzählen" sogar gemeinsame Themen vorkämen — was so ungewöhnlich und merkwürdig sei, daß es ihn selbst fast befremde. —

Alle drei Sätze der Vierten Symphonie waren letzten Sommer in Aussee zur Hälfte entworfen, auch die Variationen in nuce schon da. „Du magst dir denken, mit welchen Gefühlen ich das alles abbrach und Aussee verließ, da ich an die Möglichkeit eines Wiederaufnehmens dieser Arbeit absolut nicht glauben konnte. (Das hat aber heuer auch eines fürchterlichen Kraftaufwandes bedurft!) In einer einzigen Rolle packte ich die paar für niemand zu entziffernden Skizzen zusammen, warf sie in das letzte Fach meines Schreibtisches und sah sie nicht an, ja konnte nicht daran denken ohne den stechendsten Schmerz."

Nun, da das Werk so gut wie fertig ist, erinnerte ich Mahler daran, wie er während der Arbeit geklagt, daß er noch nie so ohne Stimmung etwas gemacht, und deshalb gefürchtet habe, das werde dem Werk sehr schaden. Er gab es auch zu und sagte, gestern zum erstenmal habe er wieder mit solcher Freude und aller Frische — wie vormals in Steinbach so oft — gearbeitet. „Aber vielleicht ist es gar nicht nötig und nicht einmal das Richtige, daß ein Werk immer so aus der Stimmung, gleich einer Eruption, entspringt. Es muß vielmehr ein gleichmäßiges Können an ihre Stelle treten: die eigentliche Kunst, welche dem, der sie besitzt, immer zu Gebote steht und alle Schwierigkeiten, auch die des eigenen Übelbefindens, überwindet."

5. August

Mahler ist mit der Vierten heute fertig geworden — wie immer nicht freudig erregt, sondern tief verstimmt, einen solchen Lebensinhalt zu verlieren.

146

Polyphonie

Mahler erzählt uns bei Tische, daß er auf dem Waldweg nach Klagenfurt mit W. (der zur Feststellung des Repertoires hergekommen war) durch ein Werkel sehr gestört wurde, dessen Klang W. gar nicht zu genieren schien. „Als dann aber noch ein zweites zu spielen begann, ließ er sich im Entsetzen über die ‚Katzenmusik' aus, die mich zu belustigen anfing; und als nun gar eine Militärmusik aus der Ferne sich drein mischte, hielt er sich beide Ohren zu, seiner Entrüstung den stärksten Ausdruck gebend — während ich im vergnügten Zuhören nicht mehr von der Stelle zu bringen war."

Als Rosé sich darüber verwunderte, sagte Mahler: „Wenn dir meine Symphonien gefallen, muß dir das auch gefallen!"

Als wir nun Sonntags darauf mit Mahler denselben Weg gingen und bei dem Feste auf dem Kreuzberg ein noch ärgerer Hexensabbath los war, da sich mit unzähligen Werkeln von Ringelspielen und Schaukeln, Schießbuden und Kasperltheatern auch Militärmusik und ein Männergesangverein dort etabliert hatten, die alle auf derselben Waldwiese ohne Rücksicht aufeinander ein unglaubliches Musizieren vollführten, da rief Mahler: „Hört ihr's? Das ist Polyphonie und da hab' ich sie her! — Schon in der ersten Kindheit im Iglauer Wald hat mich das so eigen bewegt und sich mir eingeprägt. Denn es ist gleich viel, ob es in solchem Lärme oder im tausendfältigen Vogelsang, im Heulen des Sturmes, im Plätschern der Wellen oder im Knistern des Feuers ertönt. Gerade so, von ganz verschiedenen Seiten her, müssen die Themen kommen und so völlig unterschieden sein in Rhythmik und Melodik (alles andere ist bloß Vielstimmigkeit und verkappte Homophonie): nur daß sie der Künstler zu einem zusammenstimmenden und -klingenden Ganzen ordnet und vereint."

SPIELJAHR 1900/1901

Die Mildenburg

Mahler läßt jetzt für den „Ring" die Rolle der Sieglinde mit der Kurz studieren, wobei er die Mildenburg, die nicht nur ihre eigene Partie unerreicht singt und darstellt, sondern das ganze Werk genial durchdringt und beherrscht, als eine Art Unterweiser und Vortragsmeister anstellt; sie singt und macht der jüngeren Kollegin alles vor, wie es Mahler ihr an= und eingibt; denn sie versteht ihn wie kein Künstler bisher. Dabei soll sie ihr jede Miene, jede Bewegung so ergreifend zeigen und vorspielen, daß Mahler oft selbst ganz erschüttert davon ist. „Sie habe ich jetzt", sagte er, „dort, wo ich sie mir dachte, als sie als Anfängerin vom Konserva= torium nach Hamburg kam. So unfertig sie damals auch war, ihr musikalischer und dramatischer Genius leuchtete schon aus allem heraus. Wie sie in der Todesverkündigung zu Siegmund tritt, das war so schlicht und groß, die Töne, die sie traf, so das Tiefste rührend, wie ich es noch nie gehört und gesehen."

Über Mahlers Erste Symphonie

Mahler hatte seine Erste ursprünglich „Titan" genannt, hat aber diesen Titel, wie alle Überschriften seiner Werke, längst gestrichen, weil sie ihm als Andeutungen eines Programms ausgelegt und mißdeutet wurden. So brachte man ihm seinen „Titan" mit dem Jean Paulschen in Verbindung. Er hatte aber einfach einen kraftvoll=heldenhaften Menschen im Sinne, sein Leben und Leiden, Ringen und Unterliegen gegen das Geschick, „wozu die wahre, höhere Auflösung erst die Zweite bringt".

Im Ersten Satz reißt uns eine dionysische, noch durch nichts gebrochene und getrübte Jubelstimmung mit sich fort. Mit dem ersten Ton, dem langausgehaltenen Flageolett=A,

sind wir mitten in der Natur: im Walde, wo das Sonnen-
licht des sommerlichen Tages durch die Zweige zittert und
flimmert. „Den Schluß dieses Satzes," sagte Mahler, „werden
mir die Hörer gewiß nicht auffassen; er wird abfallen, während ich ihn leicht wirksamer hätte gestalten können. Mein
Held schlägt eine Lache auf und läuft davon. Das Thema,
welches die Pauke zuletzt hat, findet gewiß keiner heraus!
— Im Zweiten Satz treibt sich der Jüngling schon kräftiger,
derber und lebenstüchtiger in der Welt herum."

Der wundervolle Tanzrhythmus des Trios ist besonders
zu beachten, „denn vom Tanz geht alle Musik aus", wie
Mahler einmal sagte. „Da werden mich alle wegen der zwei
Anfangstakte, bei denen mich das Gedächtnis verließ und
die an eine in Wien sehr bekannte Symphonie Bruckners
erinnern, als Dieb und unoriginellen Menschen verschreien!"

(Mahler hat übrigens den Anfang für diese Aufführung
im letzten Augenblick etwas variiert.)

Hieran schloß sich ursprünglich ein sentimental-schwär-
merischer Satz, die Liebesepisode — von Mahler scherzhaft
auch die „Jugend-Eselei" seines Helden genannt —, den er
dann entfernte.

Als Dritter der „Bruder Martin"-Satz, der am meisten miß-
verstanden und geschmäht wurde. Mahler sprach neulich
davon: „Jetzt hat er (mein Held) schon ein Haar in der
Suppe gefunden und die Mahlzeit ist ihm verdorben." Auch
sagte er, schon als Kind sei ihm der „Bruder Martin"*) nicht
heiter, wie er immer gesungen wurde, sondern tief tragisch
erschienen, und er hörte schon das heraus, was sich ihm
später daraus entwickelte. — Übrigens fiel ihm beim Komponieren zuerst der zweite Teil dieses Satzes ein und erst
darnach, als er den Anfang dazu suchte, tönte ihm fortwährend der Kanon „Bruder Martin" im Ohr über dem
Orgelpunkt, den er brauchte, bis er, keck entschlossen, ihn
ergriff.

---

*) Studentenkanon.

Mahler machte die ganze Symphonie in Leipzig*) binnen sechs Wochen neben fortwährendem Dirigieren und Ein= studieren; er arbeitete vom Aufstehen bis 10 Uhr vormittags und die Abende, wenn er frei war. Dazwischen — in einem herrlichen März und April — ging er fleißig im Rosental spazieren. Wie geschenkt kamen ihm die Ferien durch den Tod Kaiser Wilhelms**): zehn Tage, die er aufs intensivste benutzte.

„Was aber mehr war als alles," erzählte mir Mahler ein= mal über jene Zeit: „die Welt hatte damals für mich ein Loch! Es war mein Verhältnis zur Familie Weber. Mit ihm, dem Enkel des Komponisten, war ich durch die ‚Pintos‘, für die er mir den Text ergänzte, in Beziehung getreten, und das musikalische, lichtstrahlende, dem Höchsten zugewandte Wesen seiner Frau gab meinem Leben einen neuen Inhalt. Auch die entzückenden Kinder waren mir — wie ich ihnen — aufs innigste und heiterste zugetan, daß wir herzlich an= einander hingen. —

Als ich den Ersten Satz fertig hatte — es war gegen Mit= ternacht —, lief ich zu Webers und spielte ihn beiden vor, wobei sie, zur Ergänzung des ersten Flageolett=A, mir oben und unten auf dem Klavier aushelfen mußten. Wir waren alle drei so begeistert und selig, daß ich eine schönere Stunde an meiner Ersten nicht erlebt habe. Dann ergingen wir uns noch lange beglückt im Rosental."

Der göttliche Geigennachgesang des letzten Satzes fiel Mahler in einer Abendgesellschaft bei Stägemann***) während des Soupers ein. Er ging ins Nebenzimmer, ihn aufzuschreiben, wobei es ihm in einem Guß zuströmte; und er lief damit, unerachtet der erstaunten und etwas verletzten Gesellschaft, mitten in der Unterhaltung weg; es kümmerte ihn wenig, daß man es ihm als Künstlerschrulle auslegte.

Ich sagte Mahler, welche unglaubliche Klangwirkung jedes=

*) Wo er 1886 bis 1888 Zweiter Kapellmeister am Stadttheater war.
**) Kaiser Wilhelm I. gestorben am 9. Mai 1888.
***) Direktor des Leipziger Stadttheaters.

mal der Erste und besonders der „Bruder Martin"-Satz auf
mich übe. „Das muß er auch," entgegnete Mahler; „es liegt
in der Art, wie ich die Instrumente verwende, die im Ersten
Satz ganz hinter einem Strahlenmeer von Tönen verschwinden
— wie der Leuchtkörper hinter dem Glanz, der von ihm ausgeht, unsichtbar wird. Im DrittenSatz sind die Instrumente
wieder auf andere Weise verkappt und vermummt und gehen
wie in fremder Erscheinung um: alles soll dumpf und stumpf
klingen, wie Schatten an uns vorüberziehen. Daß in dem
Kanon der neue Einsatz immer deutlich, in der Klangfarbe
überraschend — gewissermaßen auf sich aufmerksam machend
— eintrete, hat mir bei der Instrumentation viel Kopfzer-
brechen gemacht, bis ich es so zum Ausdruck brachte, wie
es heute auf dich jene seltsame, befremdend-unheimliche Wirkung ausübt. Und es ist, glaube ich, in der Tat noch nie-
mandem eingefallen, wie ich das erreiche. Wenn ich einen
leisen, verhaltenen Ton hervorbringen will, lasse ich ihn nicht
ein Instrument spielen, das ihn leicht hergibt, sondern lege
ihn in jenes, welches ihn nur mit Anstrengung und gezwungen,
ja oft mit Überanstrengung und Überschreitung seiner natür-
lichen Grenzen zu geben vermag. So müssen mir Bässe und
Fagott oft in den höchsten Tönen quieken, die Flöte tief
unten pusten. Hieher gehört auch die Stelle im Vierten Satz
(der Eintritt der Violen ist dir ja gegenwärtig?):

Auf diese Wirkung freue ich mich immer und nie hätte ich
den gepreßten, gewaltsamen Ton hervorbringen können, wenn
ich sie den hierin leicht ansprechenden Celli gegeben hätte.
    Tritt im Ersten und Dritten Satz das Orchester ganz hinter
seinen Gegenstand zurück, so habe ich mich beim Zweiten

und Vierten im Gegenteil bemüht, es aufs glänzendste zur Geltung zu bringen."

Über das Entstehen der Flageoletts im Ersten Satz erzählte mir Mahler: „Als ich in Pest das A in allen Lagen hörte, klang es mir viel zu materiell für das Schimmern und Flimmern der Luft, das mir vorschwebte. Da fiel mir ein, allen Streichern Flageolett zu geben (den Geigern zu höchst bis zu den Bässen zu tiefst, die ja auch Flageoletts besitzen): nun hatte ich es, wie ich es wollte."

Im allgemeinen sagte Mahler noch über seine Erste Sym= phonie: „Sie ist noch am unbekümmertsten und kecksten ge= schrieben. Ich meinte naiv, die sei kindleicht für Spieler und Hörer und werde gleich so gefallen, daß ich von den Tantièmen werde leben und komponieren können. Wie groß war meine Überraschung und Enttäuschung, als es ganz anders kam! In Pest, wo ich sie zuerst aufführte, wichen mir dar= nach die Freunde scheu aus; keiner wagte, mit mir über die Auf= führung und mein Werk zu sprechen, und ich ging wie ein Kranker oder Geächteter umher. Wie aber erst die Kritiken aussahen, kannst du dir unter solchen Umständen wohl denken."

Über Beethovens Erste Symphonie
17. Dezember

Im gestrigen philharmonischen Konzert machte Mahler zur Feier von Beethovens Geburtstag dessen Erste und Vierte Symphonie und die „Coriolan=Ouvertüre".

Von der Ersten sagte er mir am Vorabend, daß sie der vollendete, höchste Haydn sei. „Und das war Beethovens Glück! Denn das war es, was ihn bei seinen Zeitgenossen Eingang finden ließ, indem sie an etwas Bekanntes anknüpfen konnten, während er selbst, der Spätere, ganz Eigene, ihnen als völlig unverständlich, ja wahnsinnig hätte erscheinen müssen — und auch erschien (wie z. B. in der B=Dur=Symphonie, für die sie ihn als einen Übergeschnappten ausschrien)!"

Mahlers Vierte Symphonie
Umarbeitung

Mahler arbeitet jetzt*) jeden Morgen und Abend ein paar
Stunden an seiner Vierten. Das Scherzo hat er nun aus den
Ausseer Skizzen mühsam so restituiert, wie er es ursprünglich
entworfen hatte. Damals wäre es nur weiter ausgeführt und
viel länger geworden und hätte in einer Tarantella geendet.
„Es zeigt sich immer wieder," sagte er, „daß die erste Intention, der erste Wurf das einzig Richtige und Brauchbare
ist."

Von den Mitteln, deren sich dieser Satz und die ganze
Vierte bedient, sagte Mahler, sie seien wieder völlig verschieden von allen, die er sonst gebraucht. „Das sind im
Scherzo lauter Spinnweben oder wie die ganz fein gearbeiteten
Wollschals, die in eine Nußschale gehen und, wenn man
sie ausbreitet, sich ins Unendliche ziehen und das wundervollste, aus Fäden wie Haar gestrickte Dessin zeigen."

Das Geigensolo des Scherzos ändert er dahin ab, daß er
die Violine um einen Ton höher stimmen läßt und es statt
in E-Moll in D-Moll schreibt, damit die Geige schreiend
und roh klinge, „wie wenn der Tod aufspielt".

Vom Zweiten Satz sagte er, er müsse die Stimme noch
anders disponieren. Durch die Pause von Aussee bis Mayernigg sei er zu sehr ausgewachsen, überwachsen, „wie Glieder
Überbeine kriegen".

„Wirst du es glauben," sagte er mir ein andermal**), „daß
mir im Ersten Satz die Instrumentierung des so kindhaft einfachen und seiner selbst ganz unbewußten Themas:

 usw.

die größte Mühe gemacht hat — wie kaum der polyphonste
Satz, an dessen komplizierte Wege und Verschlingungen ich

---

*) Ende Dezember 1900.
**) Anfang Jänner 1901.

viel mehr gewöhnt bin, da ich seltsamerweise von jeher nicht anders musikalisch denken konnte als polyphon. Hier aber fehlt mir wahrscheinlich heute noch der Kontrapunkt, der reine Satz, welcher da für jeden Schüler, der ihn geübt hat, spielend eingreifen müßte."

Mahler sagte noch von diesem Thema: „Das liegt bei seinem ersten Auftreten so unscheinbar da wie der Tautropfen auf der Blume, ehe die Sonne hineinscheint. Fällt aber dann ihr Strahl auf die Wiese hernieder, so bricht er sich in tausend Lichtern und Farben in jeder Tauperle, daß uns ein ganzes Strahlenmeer aus ihr entgegenleuchtet."

Über Mimik

Mahler sprach davon, daß alle Schauspieler und Sänger zu viel agieren, wodurch die Bedeutung und der wahre Ausdruck der Gebärde abgeschwächt werde, ja verloren gehe. Er könne ihnen darin nicht genug abgewöhnen, sie nicht genug zur Ruhe bringen. „Die meisten unterstreichen ganz überflüssig durch die Geste, was schon im Worte ausgedrückt liegt. Wenn sie ,Du' rufen, weisen sie mit pathetischer Arm- und Fingerbewegung auf den anderen, oder wenn von ,Herz' die Rede ist, greifen sie sich nach dem Herzen usw. Die Frauenzimmer haben fortwährend die Hände im Gesicht, daß einem übel wird. Um ihnen das auszutreiben, müssen sie mir zuerst eine Rolle überhaupt ohne Arme ausführen; erst wenn sie ohne die unterstützende Gebärde den dramatischen und musikalischen Inhalt der Partie voll und lebendig zum Ausdruck bringen, dürfen sie mir Arme und Hände dazu nehmen. Ein Seitenstück dazu ist es, wenn ich den musikalischen Teil der Aufgabe einen Sänger zuerst absolut korrekt, pünktlich und genau bis ins letzte Detail studieren lasse; und wenn er ihn so unfehlbar innehat, dann erst erlaube, ja gebiete ich ihm, die Rolle mit künstlerischer Freiheit zu behandeln und sie aufs neue aus sich selbst heraus zu gestalten. Und was auch das Resultat davon ist, so unsauber und unrhythmisch wie jene, die es nicht von

Grund aus ordentlich erlernt haben, werden sie es nie mehr singen."

Mahler veranlaßte den Regisseur Stoll, daß er die Schüler im Konservatorium zuerst jede Rolle mit festgebundenen Armen spielen lasse.

Gegen einen Freund, der meinte, daß es für einen, der sich mit dem Inhalt seiner Rolle wahrhaft erfüllt habe, nicht schwer sein könne, aus sich heraus, auch ohne Anleitung, die richtige, natürliche Gestikulation und Mimik dafür zu treffen, rief Mahler: „Gar nichts wird er treffen! Eine höchst lächerliche, unmögliche Rolle wird er spielen in seiner natür-lichen Beweglichkeit. Wenn nicht alles stilisiert, in Kunst übersetzt und jeder Schritt, jede Miene dadurch getragen und veredelt wird, ist es einfach läppisch. Man sieht es ihm jeden Zoll breit an, daß er der Herr Meier und kein anderer ist. Und warum sollte auch, da doch alles auf der Welt, selbst das Stiefelmachen, mühsam erlernt werden muß, eine so schwierige Sache, wie es die Verkörperung eines drama-tischen und musikalischen Kunstwerks durch das Spiel ist, sich von selbst verstehen? Nein, das muß vom Grund auf und durch vielfache Übung ebenso studiert werden wie jede andere Fertigkeit.

Glaubt ihr, zum Beispiel die Mildenburg, die ihr jetzt als die größte, wahrhaft klassische Darstellerin bewundert, hätte es immer so gekonnt? Ihr hättet sie als Anfängerin sehen sollen: wie ungelenk und unbeholfen sie da war! Beinahe so, wie ich sie musikalisch drillte, hieß ich sie Mimik und Aktion vor dem Spiegel in jeder Miene und Bewegung stu-dieren. Ich veranlaßte sie, um sich einen ruhigen, gehaltenen Gang anzueignen, auf der Straße stets ohne Schirm und Muff, nichts in den Händen, regelmäßig und aufrecht spa-zieren zu gehen und daheim abends und morgens zu turnen. Hatte sie ihre Rolle memoriert, dann ließ ich mir den Flügel auf die Bühne tragen und da zeigte ich ihr jeden Schritt, jede Stellung und Bewegung und übte sie aufs genaueste im Zusammenhang mit dem Gesang ihr ein. So studierte ich die Wagner-Partien von A bis Z mit ihr. Gelehrig wie sie habe ich freilich — außer jetzt vielleicht die Schoder — niemand mehr gefunden.

Einen besonderen Kampf hatte sie mit ihrem starken, schweren Körper zu bestehen, bis er geschmeidig und leicht regsam ihr zu jeder Bewegung untertan war. Zunächst war sie selbst im Gehen so ungeschickt, daß sie sich auf jedes lange Kleid trat, das sie vorne viel kürzer tragen mußte, um nicht zu fallen. Erst als sie, auf Justis Rat, im Hause fortwährend lange, schleppende Gewänder trug, gewöhnte sie sich auch für die Bühne daran."

Das Ballett

Lipiner fragte Mahler, ob er nicht ein Ballett in regenerierter Form: mit tieferem Inhalt, mehr pantomimisch-plastisch als ballarisch, edler und bedeutsamer in der Musik, bringen und dieser schmählich degenerierten Kunst Terpsichorens dadurch etwas aufhelfen könnte?

„Der ist nicht zu helfen," erwiderte Mahler, „wie sie nun einmal in der Ballettform besteht; jede Mühe wäre da vergebens.

Ich habe einmal einen scharlachkranken Jungen gepflegt und ihm zum Zeitvertreib alle möglichen schauerlichen Märchen erzählt und ersonnen: von Riesen und Ungeheuern schrecklichster Gestalt, mit zwei Köpfen und vier Armen, mit denen sie furchtbare Dinge verrichteten. Als diese Monstra nicht mehr verfingen, bekamen sie mehr Arme als ein Polyp und zehn, zwanzig und hundert Köpfe, bis auch das der ausschweifenden Phantasie meines Jungen nicht mehr genügte und es in die Tausende und Millionen ging, zuletzt aber, statt der nicht mehr zu überbietenden Ungeheuer, ein — Geheuer auftreten mußte.

So außer Rand und Band gebracht und verdorben ist die Phantasie all derer, die mit dem Ballett aktiv oder rezeptiv zu tun gehabt haben, und sie bessern und auf ein höheres Niveau heben zu wollen, ist rein unmöglich."

156

Über Bach
März 1901

Ganz glücklich ist Mahler über seine große Bachausgabe, mit der man ihn beschäftigt findet, wann man zu ihm ins Zimmer tritt. Neulich sagte er mir: „Bach erinnert mich so oft an die Grabmäler von Stein, wo der Tote mit gefalteten Händen über seiner Asche ruht, die immer etwas Rührendes für mich haben in ihrem Festhalten des Lebens über diese Existenz hinaus. Es liegt ihnen der tiefe Wunsch und Glaube an ein Fortleben zugrunde, an dem sie schon hier oft mehr als am wirklichen Leben hängen. Bach hat auch etwas so Versteinertes, daß die wenigsten sich ihn ins Leben zurückzurufen imstande sind. Das machen vor allem freilich die zumeist schlechten Bachaufführungen, die nicht annähernd einen Begriff davon geben, wie Bach am Clavicembalo in die Saiten greifend sich seine Sachen vormusiziert hat. Statt des wirklichen Bach geben sie uns ein armseliges Gerippe davon. Die Akkorde, welche die wundervolle, reiche Fülle des Körpers dazu bilden, lassen sie meistens einfach weg, als ob Bach den bezifferten Baß ohne Sinn und Zweck dazu geschrieben hätte. Aber der ist auszuführen, und welches Gebrause bilden dann die auf und nieder wogenden Akkorde! So müßten eure Violinsonaten, die unsinnigerweise ein Geigermännlein spielt, so auch alle Kantaten reproduziert werden, und ihr solltet staunen, wie das klänge!"

Mahler spielte uns die Bachsche Kantate vor: „Ich sündiger Mensch, wer wird mich erlösen?" Er nannte sie ein herrliches, vielleicht das herrlichste seiner Werke, das die weitesten Perspektiven eröffne. Im Zusammenhang damit sprach er von der ungeheuren Freiheit Bachs, die kaum je wieder musikalisch erreicht wurde und die auf dem unerhörten Können und Gebieten über alle Mittel beruhe. „In Bach sind alle Lebenskeime der Musik vereint wie in Gott die Welt. Eine größere Polyphonie war nie da!"

Über Tschaikowskys „Symphonie pathétique"

Mahler kam aus dem Konzert der Berliner Philharmoniker und sprach mit Guido Adler über die „Pathétique" von Tschaikowsky. Er nannte sie ein untiefes und äußerliches, schrecklich homophones Werk: nichts Besseres als Salonmusik. Dagegen wendete sich Adler, der sehr befriedigt davon war und besonders das Kolorit entzückend fand. „Auch zum Kolorit", erwiderte Mahler, „gehört etwas anderes, als er uns bietet. Das ist eigentlich nur Geflunker, Sand in die Augen! Wenn man der Sache näher rückt, bleibt verteufelt wenig übrig. Diese Arpeggien durch alle Höhen und Tiefen, die nichtssagenden Akkordfolgen, können einen über die Erfindungslosigkeit und Leere nicht hinwegtäuschen. Wenn man einen farbigen Punkt wirbelnd um eine Achse dreht, erscheint er uns zum schimmernden Kreis erweitert. In dem Augenblick aber, da er ruht, ist's wieder das alte Pünktchen, mit dem nicht einmal mehr die Katze spielt."

Unsterblich

Von einem Freunde gedrängt, für die Aufführung und Verbreitung seiner Werke doch mehr zu tun, erwiderte Mahler: „Die werden, jetzt oder später, schon selbst tun, was not ist; muß man denn dabei sein, beim Unsterblichwerden?"

158

Mahler-Villa am Wörther See. Juni bis August

Im neuen Heim

Ein paar Tage nach Justi und mir kam Mahler in Mayernigg an, voll Neugier und Erwartung seines neuen Hauses.

Die innere Einrichtung und was am Äußeren noch fehlte, hatte Justi in wenigen Tagen so weit gefördert, daß das Ganze, wenn auch noch vieles unfertig war, einen wohn= lichen Eindruck machte. — Schon die Lage des Hauses zwischen Wald und See ist ein solcher Zauber an Lieblichkeit, daß man es nie gewöhnen kann, sondern es immer aufs neue ent= zückend empfindet. Zwei herrliche, große Steinterrassen (eine offene im Hauptgeschoß und die gedeckte Loggia darunter) bieten den weitesten Blick über den See, der einem schon durch jedes Fenster lacht, wie auch der Wald mit den hohen Wipfeln seiner Fichten und Erlen überall hereinlugt. Wie eine hohe Warte aber ist Mahlers Balkon vor seinem Dach= geschoß. „Es ist zu schön," sagte er; „man vergönnt es sich nicht."

Und tatsächlich empfindet er es im Tiefsten seiner Seele wie einen Vorwurf, so bevorzugt zu sein. Daß gerade er, der Bedürfnislose, der „Barbar", wie wir ihn oft wegen seiner Abneigung gegen Luxus und die Annehmlichkeiten und die Verschönerung des Lebens nannten, von solcher Herrlichkeit umgeben sei, erscheint ihm wie eine Ironie des Schicksals, die ihm oft ein Lächeln über sich selbst abzwingt.

Noch mehr Vergnügen als die Villa selbst macht ihm sein Garten und Waldgrund, wo er alle möglichen gewundenen und ansteigenden Wege und reizende Platzel machen ließ. Das Liebste aber ist uns allen doch der „Strandweg": ein breiter, ebener Saum, der durch Anschütten zwischen Haus und See diesem abgerungen wurde und wo es sich abends, ganz im Freien, aufs angenehmste wandeln läßt.

Die Entdeckung einer Quelle, anstoßend an Mahlers Grund, war ein großes Ereignis, da dem Hause bisher das Trink, wasser gefehlt hatte. Mahler kaufte sofort den Bereich ihres Ursprungs dazu. Bei der Einfangung und Einfassung der Quelle aus einer Menge kleiner Äderchen erfüllte es ihn mit nicht geringer Aufregung, wenn der eiskalte, silberne Wasser, faden bald mehr, bald weniger zu strömen schien.

Vom Vogelsang

Mahler ist in seinem Waldhäuschen von den Vögeln heuer viel weniger gestört als im vorigen Jahre (da junger Nach, wuchs in einem Neste unter seinem Dach, das erst später entdeckt wurde, den Heidenlärm vollführt zu haben scheint). Ja, er steht in einem freundschaftlichen Verhältnis zu ihnen. So erzählte er neulich ganz entzückt von einem Vogel, der, angeregt durch seine Melismen, so herrlich sang, daß er ihm gerne zuhörte und sich sagte, der mache es besser als er!

Ein andermal nannte er die Vögel die ersten Komponisten. Und als er ihnen beim Spazierengehen wieder einmal lauschte, sagte er zu mir: „Schon als Kind habe ich auf den Gesang der Vögel geachtet, deren bewußtes Singen und melodisch, rhythmischer Anfang immer in ein unartikuliertes Zwitschern übergeht: wie wenn ein vierfüßiges Tier einen Augenblick auf zwei Beinen steht, dann aber gleich wieder auf alle ‚Viere‘ fällt."

Beginnendes Schaffen

Mahler klagt auch heuer wieder, wie schwer es sei, nach der langen Pause den gewaltsam aufgehaltenen Quell des Schaffens zum Sprudeln zu bringen. Gleichwohl waren nicht drei Tage vergangen, als er, obschon er geplant hatte, sich vorerst zwei Wochen Erholung zu gönnen, schon in seinem Häuschen lange saß und — trotz allem noch störenden Ge, hämmer im Hause unten — mitten ins Komponieren getaucht war. Doch erfuhren wir anfangs vom Gegenstand seiner Arbeit noch nichts.

Mahlers Haus am Wörther See

Wissenschaft und Intuition

Mahler ist von einem Aufsatz Kretzschmars über den Vortrag alter Musik sehr entzückt, der ihm ganz aus der Seele
geschrieben sei und ausführlich wissenschaftlich belegte, worauf er selbst intuitiv gekommen sei. Denn freilich brauche die
Kunst nur mit der Wünschelrute an den Fels zu schlagen,
um den Quell lebendigen Wassers zu finden, während die
Wissenschaft sich des Barometers und Hygrometers oder der
— Schweine, die nach Morcheln suchen, zur Entdeckung der
Feuchtigkeit bedienen muß.

Über Schumann

Mahler sagte: „Schumann ist einer der größten Lieder-
komponisten, gleich neben Schubert zu nennen. Die vollendete, in sich abgeschlossene Form des Liedes hat keiner beherrscht wie er; sein Vorwurf hält sich immer in den Grenzen
des Liedes, daß er nichts verlangt, was sein Gebiet übersteigt.
Verhaltene Empfindung, wahre Lyrik und eine tiefe Melan-
cholie liegt in seinen Gesängen, von denen mir gerade die
weniger berühmten, die nicht wie ‚Frauen-Liebe und -Leben‘,
ewig gesungen werden, die liebsten sind."

Bachs Genius

Mahler sagte über die Bachschen Choräle, denen alte, all-
bekannte Kirchenlieder zugrunde liegen: „Auf die Neuheit
der Themen kam es ihm dabei nicht an: in der Art der Be-
handlung allein, der Ausgestaltung und hundertfältigen Ver-
wandlung, lag für ihn das Schwergewicht — wie auch die
Griechen immer wieder denselben Gegenstand in ihren Tra-
gödien und Komödien, nur in neuer, mannigfacher und
differenzierter Gestaltung brachten."

Er ist von dem Bachschen Genius, den er einen der
größten nennt, die es je gegeben, immer von neuem aufs
höchste begeistert. „Das Wunder seiner Polyphonie ist unerhört, nicht nur für seine Zeit, sondern für alle Zeiten."
Über die Dritte Motette (große Bachausgabe) war er ganz

außer sich: „Unglaublich, wie groß die acht Singstimmen geführt sind in einer Polyphonie, über die nur er gebietet! Ich komme erst langsam darauf, sie mit dem Auge zu lesen (auf dem Klavier spielen läßt sich das gar nicht!) Aber aufführen möchte ich, muß ich es einmal — zum Staunen der Welt!

Unsagbar ist, was ich von Bach immer mehr und mehr lerne (freilich als Kind zu seinen Füßen sitzend): denn meine angeborene Art zu arbeiten ist Bachisch! Hätte ich nur Zeit, in diese höchste Schule mich ganz zu versenken! Von welcher Bedeutung das wäre, kann ich selbst nicht ausdenken. Ihm aber seien meine späteren Tage, wenn ich endlich mir selbst gehöre, geweiht!"

Das Sammeln von Einfällen

Mahler fängt jetzt an, vieles, was ihm an Musik einfällt, zu notieren, und bedauert, daß er es nicht längst getan hat, um später, wenn der quellende Reichtum an Erfindung viel‹ leicht nachläßt, bald dies, bald jenes von dem Aufgespeicherten nützen und verarbeiten zu können. „Was für eine über‹ menschliche Arbeit‹ und Kraftverschwendung ist es, ohne Vorrat, ohne ‚Sammlung' (in des Wortes eigentlicher Be‹ deutung) sich alles im Augenblick erst schaffen zu müssen! Hätte man dagegen weise in Sommerszeit nichts verloren gehen lassen, sondern alles eingesammelt und aufgehoben, so brauchte man später nur hinzugreifen, um zu finden, was man gerade braucht. So hat Beethoven oft in späteren Tagen Themen aus längst vergangenen Zeiten aufgegriffen und verwendet."

„Jetzt erst", fügte er hinzu, „weiß ich es noch in ganz an‹ derem Sinne, daß ich die Oper aufzugeben hätte, um arbeiten zu können."

Plan zu einer Oper

Mahler erzählte mir, daß er in Leipzig nach Vollendung der „Pintos" mit Weber, auf Wunsch und Anregung von dessen Frau, eine Oper schreiben wollte, wozu er als Text

Weber folgenden Gegenstand vorschlug und Punkt für Punkt entwarf: Ein Soldat wird auf dem Wege zum Galgen durch ein Mädchen, dessen tiefste Teilnahme er erregt, nach mittel* alterlicher Sitte der Strafe frei, indem sie ihn vor Volk und Richtern zum Manne begehrt. Der Trauerzug löst sich in einen Jubelzug auf und jauchzend wandert man heim. Aber der trotzige junge Bursch kann die Schmach nicht verwinden, daß er dem Erbarmen des Mädchens, für das sich auch seine Liebe tief zu regen beginnt, sein Leben verdankt, und das steigert sich zu einem so unerträglichen Konflikt in ihm, daß er das Geschenk der Freiheit und ihre Hand zurückweist und erklärt, lieber sterben zu wollen. Die Lösung hätte der letzte Akt bringen sollen durch das heiße Flehen und Liebes* geständnis des Mädchens.

Nun war aber dieser einfache Vorgang von Weber sogleich verändert worden: er mengte eine frühere Liebe und Geliebte des Burschen ein, wodurch Mahlers Absicht ganz gestört wurde, so daß er die Sache alsbald aufgab.

„Der Schildwache Nachtlied" blieb als erster Versuch da* von übrig, dem Mahler wieder seine Bekanntschaft mit „Des Knaben Wunderhorn" verdankte, die für ihn so bedeutsam wurde.

Jugend und Reife

Mahler sagt, daß ihn in der Jugend die größten musika* lischen Werke niederdrückten; da hatte er den egoistischen Hintergedanken: „Das wirst du doch nie machen können!" Heute, sagt er, geht es ihm umgekehrt, „und ich fühle mich von etwas weniger Gutem oder Schwächlichem so deprimiert, als hätte ich etwas Unzureichendes, Schlechtes gemacht."

„Ein Werk, bei dem man die Grenzen sieht, riecht nach Sterblichkeit, was ich in der Kunst absolut nicht vertragen kann!"

25. Juli

Nachts brachte ein Boot voll angeheiterter junger Leute
Mahler eine Katzenmusik, die Ruhe des Hauses aufs gröb-
lichste störend. Nachdem sie mit Pfeifen, Gejohle und Gegen-
einanderschlagen der Ruder einen schrecklichen Lärm gemacht
hatten, fragte (wohl abgekartetermaßen) einer aus der Gesellschaft die andern: „Sagt, was habt ihr denn eigentlich gegen
Mahler? Was hat er euch getan?" „Eine schlechte Symphonie (die Erste!) und ‚Das klagende Lied' hat er geschrieben!" gab einer wild zur Antwort, und von neuem
ging das wütende Gebrüll los.

Am Morgen darauf, als Mahler eben auf seinem Balkon
stand und über den See hinab blickte, fuhr der Propeller
mit einer Schar junger Mädels darauf vorbei; die hatten ihn
kaum erblickt, als sie in ein großes Jubelgeschrei ausbrachen:
„Der Mahler! Hoch, hoch, hoch!", so daß er sich nicht rasch
genug in sein Zimmer zurückflüchten konnte. Denn ihm sind
solche Ovationen ebenso schrecklich wie eine — Katzenmusik.

Mit sich allein aber mußte er doch über den rapiden Wechsel
und Gegensatz von Nacht und Tag den Kopf schütteln.

Mahler über seine Fünfte Symphonie

In diesen Tagen sprach mir Mahler zum ersten Male von
seiner heurigen Arbeit, seiner Fünften Symphonie, und
zwar vom Dritten Satz, an dem er jetzt schreibt. „Der Satz
ist enorm schwer zu arbeiten durch den Aufbau und die
größte künstlerische Meisterschaft, die er in allen Verhältnissen und Details verlangt. Die scheinbare Wirrnis muß,
wie bei einem gotischen Dome, sich in höchste Ordnung
und Harmonie auflösen."

Auch heute (am 5. August) sagte mir Mahler über denselben Satz: „Wie schwer er mir fällt und nicht enden will
in den Hindernissen und Spießigkeiten, die er mir entgegen-
stellt, kannst du nicht glauben. Es liegt an der Einfachheit
seiner Themen, welche sich lediglich auf der Tonika und der
Dominante aufbauen. Das würde sich heute keiner zu machen

getrauen. Dadurch ist die Akkordführung so schwer, be=
sonders bei meinem Prinzip, daß sich nicht einmal etwas
wiederholen darf, sondern alles aus sich heraus sich weiter
entwickeln muß. Die einzelnen Stimmen sind so schwierig
zu spielen, daß sie eigentlich lauter Solisten bedürften. Da
sind mir, aus meiner genauesten Orchester= und Instrumenten=
kenntnis heraus, die kühnsten Passagen und Bewegungen
entschlüpft."

Er bemerkt, daß ihm das Thema von Koschat „An dem
blauen See" (worunter der Wörther See gemeint ist) in den
Zweiten Satz geriet. „Es ist mir lieber, daß es von Koschat
ist, als wenn es von Beethoven wäre, denn der hat seine
Themen selbst ausgearbeitet! — Von Schubert könnte man
ruhig die meisten Themen aufgreifen und erst ausführen.
Ja, das würde ihnen gar nicht schaden, so ganz und gar un=
ausgearbeitet sind sie."

Mahler sagt mir endlich, daß der Satz, an dem er arbeitet,
ein Scherzo ist, das sich völlig von allem, was er bisher ge=
macht, unterscheidet. „Es ist durchgeknetet, daß auch nicht
ein Körnchen ungemischt und unverwandelt bleibt. Jede
Note ist von der vollsten Lebendigkeit und alles dreht sich
im Wirbeltanz." Er verglich es auch mit einem Kometen=
schweif. „Romantisches und Mystisches kommt nicht vor,
nur der Ausdruck unerhörter Kraft liegt darin. Es ist der
Mensch im vollen Tagesglanz, auf dem höchsten Punkte des
Lebens. So ist es auch instrumentiert: keine Harfe, kein Eng=
lisch Horn. Die menschliche Stimme würde hier absolut
nicht Raum finden. Es bedarf nicht des Wortes, alles ist rein
musikalisch gesagt. Es wird auch eine regelrechte Symphonie
in vier Sätzen, deren jeder für sich besteht und abgeschlossen
ist und die nur in der verwandten Stimmung verbunden sind."

Sieben Lieder

Am 10. August spielte mir Mahler in seinem Waldhäus=
chen seine sieben Lieder vor, die er in vierzehn Tagen ge=
macht (jedes an einem komponiert und am folgenden instru=

mentiert) hat. Sechs sind von Rückert und eines, „Der Tam=
bourgesell", aus „Des Knaben Wunderhorn".

Das letzte Lied entstand, wie er mir ein andermal erzählte,
auf folgende Weise (fast wie nach einer prästabilierten Har=
monie zwischen Ton und Wort): Es fiel ihm eines Nach=
mittags buchstäblich zwischen Tür und Angel, nämlich in
dem Augenblick, da er das Speisezimmer verließ, ein; er
skizzierte es gleich im dunklen Vorraum und lief damit zur
Quelle, seinem Lieblingsplätzchen, das ihm oft tönende Ein=
gebungen bringt; da war es musikalisch in kürzestem fix und
fertig. Nun aber sah er: das ist kein Symphonie=Thema —
auf das er aus gewesen war —, sondern ein Lied! Und es
fiel ihm „Der Tambourgesell" ein. Er suchte, versuchte die
Worte nach dem Gedächtnis: sie schienen wie geschaffen
dafür. Und als er oben im Häuschen Gesang und Text ver=
glich, fehlte auch nicht ein Wort, nicht eine Note zur völ=
ligen Übereinstimmung!

Über den „Tambourgesell" und die „Kindertotenlieder"
sagte er mir, er habe sich leid getan, da er sie schreiben
mußte, und die Welt tue ihm leid, die sie einmal hören
müsse, so furchtbar traurig sei ihr Inhalt. Vom „Linden=
zweig"*) sprach er das liebe Wort, es stecke darin die ver=
haltene, glückliche Empfindung, wie wenn man in der Gegen=
wart eines lieben Menschen weilt, dessen man ganz sicher
ist, ohne daß es auch nur eines Wortes zwischen den beiden
Seelen bedürfte. „Blicke mir nicht in die Lieder" ist schon
textlich für Mahler so charakteristisch, als hätte er es ge=
dichtet. Doch hält er es für das wenigst bedeutende von
allen und meinte, daß es gerade darum am ehesten und am
meisten gefallen werde.

„Ich bin der Welt abhanden gekommen"
Nachdem Mahler schon seine heurige Ferienarbeit abge=
schlossen hatte, um die letzten paar Tage der Erholung zu

---

*) „Ich atmet' einen linden Duft."

widmen, ergriff ihn noch die Komposition des letzten, gleich anfangs geplanten, aber zu Gunsten der Symphonie liegen gelassenen Rückertschen Gedichtes: „Ich bin der Welt abhanden gekommen." Er selbst sagte über die ungemein erfüllte und gehaltene Art dieses Liedes, es sei Empfindung bis in die Lippen hinauf, die sie aber nicht übertritt! Auch sagte er: das sei er selbst!

Vortrag der Beethoven-Sonaten durch Rubinstein
20. August

Mahler und ich gingen nach dem Abendessen noch eine Stunde die Straße nach Reifnitz zu. Wir kamen auf den Vortrag Beethovenscher Sonaten zu sprechen. Mahler sagte, er sei deshalb so schwer, weil die Sonate eine freiere, improvisatorische Auffassung und Ausführung verlange gegenüber dem Orchesterwerk, das ein festes Gefüge habe und schon durch die Vielheit und das notwendige Zusammengehen aller Instrumente gehalten sei. Dabei erinnerte er sich Rubinsteins als eines großen Beethoven-Interpreten. Nur den letzten Satz des Es-Dur-Konzertes spielte er ihm (wie alle, von denen er es noch gehört) zu weichlich: graziös statt stürmisch-kräftig, wie es unbedingt sein müsse.

Rubinstein nannte er eine „Steppennatur", womit er das Urwüchsig-Kräftige, das Unbegrenzte und Unkultivierte — aber im Sinne der Natur, die keiner Kultur bedarf — in diesem grandiosen Künstler bezeichnen wollte.

SPIELJAHR 1901/1902

„Jede Bezeichnung zu stark"

Bei einer Abendzusammenkunft mit Walter und Lipiners bei Mahler fiel die Rede auf das Dirigieren und Reproduzieren musikalischer Werke. Mahler sagte: „Ich komme immer mehr dahinter, daß alles, was man an Vortragszeichen macht, zu gewaltsam ist: das forte zu sehr forte, das piano zu sehr piano, die crescendi und diminuendi und accelerandi zu heftig, das largo zu langsam, das presto zu schnell.

Wie viel einfacher und maßvoller bin auch ich beim Dirigieren geworden gegen die früheren Jahre! Wenn man erlebt, wie sie einem selbst alles übertreiben und entstellen, dann geht einem auch auf, was die andern erleiden.

Beinahe wäre man versucht, gar keine Tempi und keine dynamischen Ausdruckszeichen hinzuschreiben und es jedem selbst zu überlassen, was er bei näherem Befassen mit dem Werke herausliest und wie er es zum Ausdruck bringt."

Bruno Walter

Mahler hat eine wahre Freude an Bruno Walter. Als erste Oper dirigierte er „Aïda", und Mahler, der in seiner Loge die Vorstellung anhörte, war damit so zufrieden, daß er rief, jetzt könne er beruhigt ihn statt seiner dirigieren lassen und alles Wichtige ihm übergeben. Während es ihm alle Augenblicke einen „Riß" gibt, wenn er bei einem andern zuhören muß, daß er vor musikalischer Pein schier „seekrank" wird, wie er es nennt, fühlte man ihm diesmal die Übereinstimmung in Ausdruck und Gebärde immerfort an, die oft auch in lebhaften Ausrufen zum Durchbruch kam.

Der Kritik aber gefiel Walter gar nicht. Diese Herren hatten schon eine Wut auf ihn, weil sie erfuhren, daß Mahler ihn herbeigerufen habe und von ihm etwas halte. Auch

wollten sie herausfinden, daß er seine Bewegungen nach=
ahme und ihn äußerlich kopiere.

„Die drei Pintos"

In Frankfurt werden „Die drei Pintos" neu einstudiert
und Mahler erinnert sich wieder der Zeit, da sie entstanden.
Weber erzählte ihm von den Skizzen seines Großvaters, die
er schon manchem tüchtigen Musiker gezeigt, ohne daß einer
sich daran gewagt, ja es nur für möglich gehalten hätte, aus
den spärlichen Andeutungen etwas herauszuretten, geschweige
denn, es in ein Ganzes zu verwandeln. Er bat Mahler, sie
mit nach Hause zu nehmen und zu sehen, ob es ihm ge=
länge, den versunkenen Schatz zu heben.

Tagelang hatte Mahler die Skizzen auf seinem Klavier
liegen und vertiefte sich darein, ohne daß sich ihm ihr
Zauber löste. Da — es war eines leuchtenden Nachmittags,
die Sonne warf farbige Lichter auf die Weberschen Blätter
— fiel ihm mit einem Schlage der vollständige Ausbau einer
Nummer ein; er lief sogleich zu Webers und spielte sie ihnen
zu ihrem großen Entzücken vor. Von da an kam ihm eines
nach dem anderen, bis in etwa einer Woche alles Vorhandene
ausgeführt und ergänzt war. Mahler, der dabei aufs getreueste
und gewissenhafteste zu Werke ging und jede Webersche
Note beachtete und in ihrem Sinne weiterarbeitete, hätte am
liebsten seine Ergänzung mit den ursprünglichen Skizzen (die
sich in Webers Besitz befinden) abgedruckt, herausgegeben
und so zur Aufführung gebracht. Da aber vereinigten sich
Weber und Stägemann (der Leipziger Operndirektor), indem
sie darauf bestanden, daß eine Oper daraus werden sollte:
Weber wollte den Text ausführen und Mahler sollte alles
an Musik noch Fehlende dazu komponieren. Und so wurden
die „Pintos" daraus.

„Ihr würdet euch wundern", sagte Mahler, „zu sehen, wie
wenig von Webers eigener Hand da war: nicht viel mehr
als einige wundervolle Themen, keine Note der Instrumen=
tation. So hatte ich den weitaus größeren Teil des Werkes

zu machen. Und so zurückhaltend ich anfangs bei der Ergänzung der Skizzen vorging, um so kecker wurde ich im
Verlauf der weiteren Arbeit, ließ mich von dem Gegenstand
und mir selbst fortreißen, mehr als von ängstlichen Er-
wägungen, ob es Weber auch so gemacht haben würde. Und
schließlich komponierte ich überhaupt in meinem Sinn darauf los, wurde immer Mahlerischer, bis zuletzt in Entwurf
und Ausführung des neuen Teils jeder Notenstrich von mir
war. (Auch im Text habe ich vieles gemacht, ohne meinen
Librettisten zu fragen und mich zu nennen.) Und gerade
diese Nummern sind es, welche nachher von Kritik und
Publikum am meisten gelobt und für rein ,Weberisch' gehalten wurden!"
Von seiner Instrumentierung der „Pintos" sagte Mahler,
sie sei etwas klobig, da es ihm damals noch an Erfahrung
und Können fehlte; er habe später in Prag, als er das Werk
dirigierte, alles sehr gemäßigt. Die damals gemachten Ver-
einfachungen und Veränderungen schrieb er auf und sandte
sie an den Verleger mit der Bitte, sie als Nachtrag der ganzen
Auflage hinten anzufügen. Das aber geschah nie und Mahler
erhielt nicht einmal sein Manuskript, das er, ohne eine Ab-
schrift zu nehmen, abgeschickt hatte, je mehr zurück.

Mahlers Vierte Symphonie
Leseprobe am 12. Oktober 1901

Mahler hielt mit den Philharmonikern heute eine Leseprobe
seiner Vierten, die hier, in München und Berlin diesen Winter
aufgeführt werden soll. Er wollte sein Werk nur durchspielen
(aus dem Probeexemplar der Partitur), um vor der Druck-
legung zu hören, ob keine Fehler darin seien, mehr aber noch,
ob ihm alles in der Ausführung so gelungen, wie er sich's
vorgestellt hatte. Aus dem Lesen aber wurde gleich ein in-
tensives Probieren vom ersten Takte an, zumal bei der völligen
Neuheit und Schwierigkeit des Vorwurfs selbst für die Routine
und Geschicklichkeit dieses glänzenden Orchesters besondere
Hindernisse zu überwinden waren.

In der ersten Aufnahme aber, welche sein Werk hier (und anderwärts) bei den Musikern fand, sprach sich wieder — so gut sie ihre Sache machten — ein inneres Widerstreben aus, daß Mahler sich nach ihrem Verhalten und dem Ausdruck ihrer Gesichter eher von Hassern und Feinden als von Verehrern und Freunden umgeben wähnte. „Auf diesem toten Schuttkegel," klagte er verzweifelt, „muß ich eine blühende Welt erstehen lassen!"

Bei der Ausführung machten sie ihm zum Anfang sowohl in den Geigen als später in den Celli die schönen Gesangsthemen zu massig und stark — während er den dithyrambischen Aufschwung desselben Gesanges zuletzt nicht kräftig und jubelnd genug haben konnte. Von dem Eingangsthema sagte er vorher zu uns, es werde den Hörern zu altväterisch und simpel erscheinen. Im weiteren Verlaufe — er spielte es uns am Abend vorher auf dem Klavier — machte er uns darauf aufmerksam, daß sechs Themen darauf folgten (im ganzen also sieben seien), die in der Durchführung dann verarbeitet sind. Ein solches Werk, sagte er, müsse eine Fülle der Keime und ihre organische, reiche Entwicklung enthalten, sonst verdiene es nicht den Namen Symphonie. „Sie muß etwas Kosmisches an sich haben, muß unerschöpflich wie die Welt und das Leben sein, wenn sie ihres Namens nicht spotten soll. Und ihr Organismus muß einer sein, darf durch nichts Unorganisches, Flicken und Bänder, getrennt sein."

Von der Stimmung der ersten drei Sätze sagte er noch: „Es ist die Heiterkeit einer höheren, uns fremden Welt darin, die für uns etwas Schauerlich-Grauenvolles hat. Im letzten Satz (im „Himmlischen Leben") erklärt das Kind, welches im Puppenstand doch dieser höheren Welt schon angehört, wie alles gemeint sei." Im Scherzo klang ihm bei der Probe die Stelle der — zur Erzielung eines besonders schrillen Klanges um einen Ton hinaufgestimmten — Sologeige noch nicht scharf genug. Er beschloß daher, sie der Viola zu geben, die der Konzertmeister spielt.

Gleich anfangs im Adagio machten ihm die Streicher, besonders die Celli, die crescendi und diminuendi zu stark, und er ließ die Zeichen entfernen. —

„Die Instrumentation", sagte Mahler, „ist nicht dazu da, Klangeffekte zu erzielen, sondern deutlich zum Ausdruck zu bringen, was man zu sagen hat." In den Variationen der Vierten strich er an einer Stelle, die ihm durch den zu großen Reichtum an Tönen verdunkelt schien, getragene Füllnoten weg, da er sie hier zur Harmoniebildung nicht brauche, die bei dieser feinen, der Miniaturmalerei ähnlichen Führung der Stimmen durch ihre verschlungenen Linien selbst, wie sie sich berühren und treffen, erzielt werde. —

Mahler sagt, daß er in der Orchestrierung ungemein viel von Verdi gelernt habe, der hierin ganz neue Wege gewandelt sei.

Endlich zeigte er mir in der Partitur, daß er Stellen, die er etwas langsamer gespielt haben will, nicht mit „ritardando", das man ihm gleich zu viel machen würde, sondern mit „nicht eilen" bezeichnet, und umgekehrt, wo er es acceleriert wünscht, bloß „nicht schleppen" hinschreibt. „Mit solcher List wollen die Musiker behandelt sein!"

Verdeckte Oktaven
21. Oktober 1901

Mahler, der nach dem heißen Tagewerk um 10 Uhr von einer Probe heimkam, arbeitete nach dem Abendmahl, wie er pflegt, an der Korrektur seiner Vierten, wobei er unversehens auf eine falsche Fortschreitung stieß. Er war empört, daß ihm das passiert sei. „Die hat mich durch ihre Ordinärheit bei jedem Hören schon gestört, ohne daß ich doch drauf gekommen wäre. Wenn einem so etwas in die Partitur hineinkommt, ist es, wie wenn jemand von hohem Adel in seinem Stammbaum plötzlich einen — Sauhirten entdeckte."

Er und Walter sprachen davon, wie häufig solche verdeckte Oktaven bei anderen Meistern sich fänden: bei Bach, Schumann usw. „Nur Beethoven", sagte Mahler, „bin ich nie darauf gekommen. Diese haben aber die Entschuldigung, daß sie eine große Menge geschrieben haben. Wenn man aber alle Jahre nur ein Werk vollbringt, darf das nicht geschehen!"

Humor

„Es kommt viel Lachen vor in meiner Vierten — am Anfang des Zweiten Satzes!" rief Mahler.

Auf eine Frage von mir nannte er Beethoven den Vater und wahren Begründer des Humors. „In seiner C-Dur-Symphonie und der ‚Pastorale': welcher Humor ist darin! Den haben sie ihm auch schlecht verstanden, ja so übel genommen, daß gerade diese Werke am schwersten Eingang fanden. Haydn und Mozart haben zwar Witz und Heiterkeit, aber noch nicht Humor."

Über den „Trompeter von Säckingen"

Mahler erzählte aus alter Zeit, daß er in Prag aus Verzweiflung, den greulichen „Trompeter von Säckingen" so oft dirigieren zu müssen, in einer lustigen Stunde sich den Spaß machte, aus der ganzen Oper das Leitmotiv herauszustreichen, wie sie auch von nun an ohne Einbuße (alles ist ja in diesem „Schund" gleich wichtig oder unwichtig) dort so aufgeführt wurde! Der Intendant sagte zwar einmal, es komme ihm so merkwürdig vor, als fehle etwas darin; aber was es war, dahinter kam er nicht!

„Dieses Machwerk ist übrigens so, daß man gerade so gut alle Bläser oder, wahrhaftig, sämtliche Streicher daraus entfernen könnte, ohne daß es jemand merkte, da alle Instrumente: Bläser, Streicher, Schlagwerk, immer genau dasselbe spielen!"

Über „Dalibor". — Die drei größten deutschen Opernkomponisten

Mahler nach einer Aufführung des „Dalibor":

„Ihr könnt euch nicht denken, was ich heute wieder an Ärger ausgestanden über die Unvollkommenheit dieses Werkes

— eines so hochbegabten Künstlers —, der an seinem man-
gelnden Können und an seinem Tschechentum (durch das
ihm der Weg noch mehr verrammelt und die Kultur des übrigen Europa vorenthalten wurde) zugrunde ging. Denn außer
in Wien wird diese stellenweise entzückende Oper nirgends
mehr gegeben, und auch meine Redaktion hält sie gerade
noch, vermag sie aber nicht beliebt und besucht zu machen,
so daß ich sie alle Jahre nur einmal geben kann. Und während des Dirigierens fahre ich schier aus der Haut, möchte
gleich wieder eine Menge streichen und anders instrumentieren, ja komponieren, so ungeschickt ist es gemacht, bei
allem Schönen, das dazwischen vorkommt.

Es gibt wahrhaftig nicht mehr als drei vollkommene deutsche
Opernkomponisten: Mozart, dessen Treffsicherheit in allem,
was er machte, unerhört ist, Wagner und — ihr werdet euch
wundern, wer der Dritte ist!" „Weber?" fragte ich. — „Nein!
Sein ,Oberon', seine ,Euryanthe' können dazu nicht gezählt
werden. Er war bei der Oper, das hat ihn aufgerieben, lahm-
gelegt und vor der Zeit dahingerafft; wer weiß, wie viel und
was er sonst geschrieben hätte! — Der Dritte, den ich meine,
ist Lortzing. Sein ,Zar', sein ,Wildschütz' läßt ihn im Text,
in Handlung und Musik als das größte Operntalent neben
Mozart und Wagner erscheinen.

Von Beethoven und seiner einmaligen Tat ,Fidelio' nicht
zu reden, der hors concours ist! Denn wo er hingriff, da
entstand sofort das Größte!"

„Hoffmanns Erzählungen"

Gestern und heute[*]) Generalprobe von „Hoffmanns Erzählungen", die Mahler in dreifacher Besetzung einstudiert,
weil er sie sich als ein Zug- und Kassenstück à la „Caval-
leria" und „Bajazzo" vorstellt. „Damit aber", sagte er, „schaff'
ich mir die Mittel, anderes, Größeres zu machen: Wagner-
und Mozart-Neueinstudierungen, die ich euch in alle Werke
umfassenden Zyklen vorführen werde!"

---

[*]) 9. und 10. November 1901.

Auf „Hoffmanns Erzählungen" lastete seit dem furchtbaren Ringtheaterbrand*) ein Odium; das Werk wurde bis zu diesem Herbst nicht gegeben, wo es, im Theater a. d. Wien aufgeführt, seine Zugkraft neu bewährte. Mahler hat es nun mit dem ganzen Apparat, der ihm an der Oper zu Gebote steht, herausgebracht und so viel Eigenes dazu getan — in der Redaktion des Textes, der Handlung und Musik —, daß, wenn auch nicht der ganze Hoffmann, so doch viel von dem Urbild in der Romantik, Skurrilität und Dämonik zum Ausdruck kam. —

Der Erfolg war vom erstenmal an in allen drei Reprisen enorm und den ganzen Winter machte das Werk ausverkaufte Häuser, fast zu Mahlers Verzweiflung, der es nicht mehr hören und sehen konnte.

Über Liszts „Heilige Elisabeth"

Am Namenstag der Kaiserin wurde wieder Liszts „Heilige Elisabeth" gegeben, die Mahler so liebt, daß er sie anzuhören nie versäumt. „Dies Werk bedarf der Projektion auf die Bühne," sagte er mir; „die Musik allein wäre nichts, sie ist viel zu weich und zerflossen, ist nur Stimmung — allerdings die wundervollste, die man sich nur denken kann. Davon kann man wirklich sagen, daß es ein echt arisches Werk ist."

Bei Anlaß der Absage eines Hamburger Orchesterspielers, den Mahler für die Oper hatte engagieren wollen, rief er geärgert: „Wenn ein alter Mensch den Ort, wo er lange gelebt, und seine Freunde etwa nicht mehr aufgeben und sich nicht verpflanzen lassen will, so ist es zu begreifen und zu verzeihen. Tut aber ein junger nicht alles, um zu lernen und zu wachsen und sich weiter zu entwickeln, wenn ihm die Gelegenheit dazu geboten wird, ja ist er nicht bereit,

---

*) Der Brand des Wiener Ringtheaters, der mehr als 400 Menschen das Leben kostete, brach während einer Aufführung von „Hoffmanns Erzählungen" (8. Dezember 1881) aus.

bis ans Ende der Welt deshalb zu laufen, so sollte ihm wahrlich geschehen, was die alten Juden dem Hörigen taten, wenn er nach Ablauf der Periode der Knechtschaft die Frei‹ heit hätte haben können und sie nicht wollte: es ward ihm zum Zeichen ewiger, selbsterwählter Unfreiheit ein Holzpfahl durchs Ohr getrieben, was symbolisch sein Festnageln an die Pfosten des Hauses bedeutete."

Mahlers Vierte Symphonie in München

Den 26. November fuhr Mahler zur Aufführung seiner Vierten nach München und wir, seine Nächststehenden, alle mit. Er war unglücklich über das Orchester dort, bei dem es, um die Symphonie aus dem Gröbsten herauszubringen, der Arbeit bedurfte, die etwa ein Bildhauer von den ersten Meißelschlägen des unbehauenen Blocks bis zur Vollendung der Statue hat. Die Unzulänglichkeit der Spieler machte sich noch fühlbarer bei der subtilen Feinheit und Schwierigkeit dieses Werkes in allen Instrumenten — gegenüber dem „al fresco (wie es Mahler nennt) der C‹Moll‹Symphonie", die sie im vorigen Jahre eher bewältigten. Dazu wollte das Un‹ glück, daß der einzige glänzende Spieler, der erste Cellist, am Tage der Aufführung durch den Tod seines Vaters ab‹ berufen wurde. „Ich hatte in Pest," rief Mahler, „als die Nachricht vom Tode meiner Mutter kam, nicht die Gewissen‹ losigkeit, den ‚Lohengrin‘, den ich diesen Abend dirigieren sollte, im Stich zu lassen, sondern vergrub meinen Schmerz in mich und ließ von dem Schlage, der mich betroffen, nie‹ mand auch nur etwas erfahren."

Über die einzelnen Sätze sagte er noch: „Der Erste fängt doch gleich charakteristisch genug mit der Schellenkappe an. Daß der Dritte, aber auch der Zweite Variationen sind — werden sie mir's herausfinden?"

Im Ersten Satz wunderten sich schließlich die Hörer zuerst über die scheinbar zu große Einfachheit der Themen (da sie von Mahler etwas „Ausgefallenes" erwartet hatten). Dann aber, bei der Durchführung, waren sie doch ganz konsterniert, so wenig vermochten sie zu folgen; und der Schluß nach dem Rückgang („wie kunstvoll der ist, darauf werden sie erst später kommen," sagte Mahler selbst darüber) führte nur eine teilweise Aussöhnung der aufgereizten Opposition herbei, die in Zischausbrüchen gegenüber einem starken Applaus sich geltend machte. Völlig befremdet war das Publikum durch den Zweiten Satz, mit dem es gar nichts anzufangen wußte. Das Zischen wurde hier so stark, daß auch die große, für Mahler warm eintretende jugendliche Anhängerschaft Mün*chens, welche das Stehparterre des gesteckt vollen Saales in einem erdrückenden Gedränge füllte, es nicht zu überklatschen vermochte. Am meisten und widerspruchslos wurde der letzte Satz applaudiert, wobei sich Mahler aber lange zum Kommen bitten ließ, immer nur die Sängerin hinausschob und mehr mit Zorn als mit Freundlichkeit endlich dankte.

Besonders verstimmte ihn, daß auch von den Münchner Musikern außer Weingartner nicht einer sich fand, der dem Werke zugestimmt und irgend ein vernünftiges oder befrie*digtes Wort darüber geäußert hätte. Im Gegenteil waren schon nach der Generalprobe einige gekommen, ihm zu sagen, daß sie seine Vierte noch nicht verstünden, sich im Konzert aber alle Mühe dazu geben wollten. Da jedoch keiner mehr sich blicken ließ, konnte Mahler mit Grund denken und sagen, daß auch seine bisherigen und vorjährigen Anhänger durch die Vierte wieder abgefallen seien.

Aufs deutlichste und schärfste kam die Stimmung am fol*genden Tage in fast allen Blättern zum Ausdruck. Sämtlich warfen sie Mahler vor, daß er ihre Erwartungen auf ein Werk wie die zuletzt gehörte C*Moll*Symphonie (über die sie aber im vorigen Jahre auch keineswegs gut geschrieben hatten!) gründlich enttäuscht habe. Und es traf damit ein, was Mahler vorhergesagt: daß sie ihm die Vierte mit der Zweiten tot*schlagen würden. — Was ihm auch diesmal von allen wieder abgesprochen wurde, war Erfindung und Originalität. Und einstimmig schrien und verlangten sie nach einer Angabe in Worten, die Aufschluß über den Inhalt und Vorgang des

Werkes geben sollte. „So korrumpiert", rief Mahler, „sind sie schon durch die Programm=Musik, daß sie kein Werk mehr einfach und rein musikalisch aufnehmen können! — Der Anfang dieses Unheils und Irrtums schreibt sich von Liszt und Berlioz her. Aber die hatten wenigstens Talent und ge= wannen damit neue Ausdrucksmittel. Heute aber, da wir sie haben: wer wird sich noch der Krücken bedienen?"

Aufführung in Frankfurt

Über die Aufnahme derselben Symphonie in Frankfurt er= widerte auf meine Erkundigung unsere Freundin, Frau Man= kiewicz*), die der Aufführung beigewohnt hatte: sie könne und wolle mir, geschweige denn Mahler, nicht sagen, wie es gewesen sei (so arg war es!). Nur so viel bekam ich von ihr heraus, daß das Publikum meinte, er wolle sich in seiner Vierten einen Spaß, eine Mystifikation mit ihnen machen!

Aufführung in Berlin

Mitte Dezember fuhr Mahler zur Berliner Aufführung, wo er alle Proben sowie das Konzert mit dem ihn zum Glück sehr befriedigenden Strauß=Orchester leitete. Die Aufnahme war hier eine wärmere und verständnisvollere als in München, wenngleich nicht widerspruchsfrei. Den größten Eindruck machte das Adagio, weniger diesmal der sonst immer glän= zend aufgenommene letzte Satz, was an der Unzulänglich= keit der dortigen Sängerin liegen mochte. Richard Strauß, dem das Werk von Probe zu Probe näher ging, zeigte sich zu= letzt hingerissen, besonders vom Dritten Satz, von dem er erklärte, ein solches Adagio könne er nicht machen. Auch sagte er Mahler nachher beim Zusammensein in größerer Gesell= schaft, er habe von ihm außerordentlich gelernt. „Ihre Zweite Symphonie besonders habe ich mir gut angesehen und mir viel daraus angeeignet." Als Zeichen seiner Schätzung schickte ihm Strauß nachher die Partituren seiner sämtlichen Werke.

---

*) Malerin in Wien, mit Mahler befreundet.

Die gesamte Berliner Kritik aber fiel über Mahler und sein Werk wütend her und begoß ihn mit der Jauche ihres Schimpfes, Spottes und Hohnes, ärger denn je, was ihn sehr erbitterte.

Aufführung in Wien

Am 12. Jänner 1902 brachte Mahler in einer bewunderungswürdigen Aufführung seine Vierte im philharmonischen Konzert in Wien.

Die Aufnahme war ungefähr dieselbe wie in München, bei dem rückschrittlichen Publikum dieser Konzerte womöglich noch schlimmer. Von allem Anfang an hörte man die verständnislosesten und feindseligsten Bemerkungen; ja, es schien, als wären die Leute nur hereingekommen, sich darüber aufzuhalten und lustig zu machen. Sie lachten auch und gaben ihrem Befremden in allen Mienen und Gebärden Ausdruck. Nachher aber standen sie in schwatzenden Gruppen beisammen. Die einen hörte ich sagen: „Das fängt gleich an, als ob er sich einen Faschingsscherz mit dem Publikum machen wollte." Die anderen waren enttäuscht, daß nicht mehr gezischt worden sei. Ein paar grüne Jungen fanden es „scheußlich" und gar nicht Musik.

Mahler, der an ärgere Mißerfolge gewöhnt war, schien verstimmt darüber; er sagte zu Walter: „Jetzt wissen sie nicht, was sie damit machen sollen: sollen sie's von vorn oder von hinten verdauen?"

Walter aber, mit dem und dessen Frau ich nachher zusammen war, sagte: „Daß selbst die Besten immer nur i h r e n Maßstab, ihr Urteil anlegen und nicht begreifen wollen, daß sich nicht die Sonne um die Erde, sondern die Erde um die Sonne zu drehen hat!"

NACHWORT DES HERAUSGEBERS

Über die Verfasserin der folgenden Aufzeichnungen aus≠ führlicher zu berichten, dürfte kaum nötig sein. Was sie innerlich war, geht aus ihren eigenen Mitteilungen, die ja durchaus persönlichem Erleben entsprungen sind, deutlich genug hervor. Das Äußere aber spielt bei Menschen, deren Blick nur auf das Hohe und Ewige gerichtet ist und deren Wesen zu den empirischen Werten des Daseins so gar keinen Zugang hat, eine zu geringe Rolle, als daß es festgehalten werden müßte. Übrigens hat die Verfasserin, unbeirrt durch Konvention und die Einstellung ihrer Umgebung, ihr Leben ganz nach ihrem Sinne gestaltet und gelebt. Sie entstammte einer gutbürgerlichen Wiener Familie, eignete sich in rast≠ losem Streben und durch den Verkehr mit Menschen, in denen sie tiefere Quellen spürte, jene Kenntnisse und An≠ schauungen an, die sie weit über den Alltag erhoben, bildete sich insbesondere in Musik aus und machte als Mitglied des Soldat≠Roeger≠Quartetts Konzertreisen nicht nur durch Öster≠ reich und Deutschland, sondern mehrfach auch ins Ausland. Ihr eigentlicher Beruf aber war: die geistigen und seelischen Werte, die sie bei den Besten, mit denen sie in Berührung kam, zu holen vermochte, auch anderen zu vermitteln und sie vor allem der heranwachsenden Jugend, deren sie sich stets mit besonderem Eifer annahm, zu gute kommen zu lassen.*)

Einem ähnlichen Drang haben wir auch das vorliegende Buch zu verdanken: es sollten die glühenden Kräfte, die ein geniales Wesen im täglichen Leben ausstrahlt, nicht ins Nichts versprühen, sondern gesammelt und, soweit es durch das ge≠ schriebene Wort möglich ist, der Nachwelt gerettet werden, um neue Flammen zu wecken.

---

*) Wer übrigens Näheres über die Verfasserin und ihr Wesen erfahren will, lese ihre „Fragmente". (Fragmente. Gelerntes und Gelebtes von Natalie Bauer≠Lechner. Wien, 1907. Rud. Lechner u. Sohn.)

Wer daher mit kaltem, kritischem Blick an das Werk heran-
tritt oder es nach Mahler-Zitaten durchstöbert, tut ihm unrecht.
Das Buch ist erlebt und will erlebt werden. Es bedarf auch
keines allzu feinen Gehörs, um zu merken, daß Mahlers Aussprüche nicht durch einen Phonographen, sondern durch eine
lebendige, hingebungsvolle Seele aufgenommen und wieder-
gegeben worden sind.

Diesen subjektiven Einschlag der „Erinnerungen" weder zu
leugnen noch zu verwischen, war der Leitgedanke bei der
Redaktion der zumeist tagebuchartig geführten, von der Verfasserin selbst für die Veröffentlichung — mit wenigen Aus-
nahmen — noch nicht bearbeiteten Aufzeichnungen. Was
die Auswahl aus dem umfangreichen Material betrifft, das
unmöglich in seiner Gänze der Öffentlichkeit übergeben
werden konnte, so hoffe ich das Richtige, das heißt das für
die Allgemeinheit Wichtigste, getroffen zu haben. Der Inhalt wurde nach Möglichkeit auf Mahler und seine Aussprüche beschränkt, die Eigentümlichkeit der Sprache, wo es
nur irgend anging, unverletzt gelassen. Das eine glaubte ich
Mahler und den Lesern, das andere der Verfasserin schuldig
zu sein.

Endlich ist es mir ein Bedürfnis, einem jungen Freunde
der Verfasserin für einige wertvolle Winke an dieser Stelle
meinen Dank auszusprechen.

Der Herausgeber

INHALT